KB161750

파일럿을 꿈꾸는 이들을 위한
스토리 가이드북

비상한
파일럿

파일럿을 꿈꾸는 이들을 위한
스토리 가이드북

비상한
파일럿

캡틴박 지음

이담
Books

당신의 ♥
꿈은 무엇인가요?

꿈을 싣고..

꿈을 위해

힘하고 힘들어도
내 꿈은 No.1

내 꿈을
꺾지마!

내 꿈은
직진 중~

오늘도
꿈을 향해
달리다

놀이 날아봐

쑥쑥 dream
자라라~

Hi
안녕~
내 꿈아...

꿈을
담아

목표를 위해 열공!

자라라
내꿈~♡

이근성
한국항공전문학교 울진비행훈련원 원장

이 책에는 내가 1970년 대학에서 받은 비행 교육을 시작으로 공군에서 11년간 전투기를 조종하고, 30년간 항공사의 점보대형기 기장 생활을 하며 생각하고 느꼈던 많은 것들이 녹아있다. 또 이 책은 문답 형식으로 구성되어 있어 조종사가 되고 싶어 하는 많은 이들에게 항공 이야기를 쉽게 풀어주고 있다.

덧붙여 조종사가 되기 위한 준비 단계서부터 하늘에서 일하는 이들의 보다 리얼한 이야기가 담겼다. 특히 향후 항공산업의 전망 분석 등의 볼거리가 많다. 코로나19 바이러스의 영향으로 힘든 시기이지만 이 책을 읽고 나면 항공시장의 밝은 미래를 예견할 수 있을 것이다. 하늘을 꿈꾸는 모든 이들에게 삶의 지표를 잡아주는 등의 많은 도움이 되리라는 생각으로 예비 파일럿들에게 이 책을 추천한다.

정훈식
진에어 운영본부장

파일럿으로서 겪어본 것들에 관한 이야기를 진술하고도 쉽게 풀어냈다. 이 책을 읽고 나면 이상하게 하늘을 날고 싶어진다. 그만큼 하늘에서 일한다는 건 아주 매력적이다.

특히 사람은 날개 없이 태어나 땅에서만 생활하도록 만들어졌다. 그렇기 때문에 하늘을 날기 위해서는 학문적으로나, 시간적으로나, 금전적으로나 많은 투자와 헌신이 있어야 한다. 물론 누구나 비행을 배울 수는 있다. 하지만 에어라인 조종사는 누구나 될 수 없다.

나는 열심히 노력하고 포기하지 않는 사람들에게 기회는 있다고 생각한다. 또 어떤 사람에게나 예외 없이 꿈은 소중한 것이다. 부디 이 책을 읽는 젊은이들이 소망하는 꿈을 이룰 수 있기를 바란다.

서종범
티웨이항공 기장

나는 2007년부터 캡틴박을 알고 지냈다. 당시 직업군인이던 캡틴박은 대학 졸업 후 7년간 비행을 하지 못했고, 전역 후 비로소 다시 비행을 시작했다. 어찌 보면 파일럿이 되기 위해 먼 길을 돌아온 조종사인 셈이다.

캡틴박은 미국 비행학교로 유학을 떠나기 전 대학 선배인 나에게 비행이론 과외를 해달라고 부탁했다. 그렇게 오랜 시간 함께 공부하게 되었고, 캡틴박은 나를 '비행 멘토'라고 부르고 있다.

이처럼 캡틴박은 파일럿으로서 순탄치 않았던 인생을 살았다. 여러 면접과 서류에서 탈락해보는 등 수많은 실패도 맛보고, 시행착오도 겪어봤기에 분명 파일럿을 꿈꾸는 사람들에게 도움이 될만한 정보들을 이 책에 담았을 것이다. 그리고 이 책은 코로나로 인해 희망이

사라진 요즈음 다시 조종사라는 직업에 대해 생각해 볼 수 있는 좋은 책이라고 생각한다.

황상영
제주항공 기장

나는 캡틴박이 부기장일 때 조종석에서 처음 만났다. 비행하면서 비바람이 강했던 악천후 속에서도, 좋은 날씨 속에서도 함께했으며, 동남아 비행을 위해 해외에 체류하면서 같이 테니스를 즐기기도 했다. 결국 조종석 안에서 그리고 조종석 바깥에서 캡틴박과 함께 희로 애락의 시간을 공유한 것이다.

사람들이 생각하는 파일럿의 삶은 실제 파일럿의 삶과 매우 다르다. 베테랑 파일럿인 캡틴 박이 예비 파일럿들이 궁금해하는 질문을 모아 Q&A로써 답변하고 있다. 이를 통해 진짜 파일럿들의 보람, 고충, 노력 등에 대해서 자세하게 알 수 있을 것이다. 분명히 이 책이 파일 럿의 실상을 엿보고 싶은 이들에게 큰 도움이 될 것이라고 장담한다.

임상민
『전투기의 이해』 저자, 전 한국항공우주산업·국방기술품질원 연구원

1997년 대학 내 비행기 잡지를 만드는 동아리에서 후배 캡틴박을 처음 만났다. 캡틴박에 대한 첫인상은 '조종에 대한 열정이 넘치는 멋진 예비 조종사'였다.

에어라인 조종사를 꿈꾸던 캡틴박은 대학 졸업 후 공군조종사 양성과정에 지원했지만, 훈련 중 중도 탈락을 했다. 그리고 그는 7년간 비행기 정비장교로 근무했고, 조종사의 삶은 단념했었다고 생각했다. 그런데 군 제대 후 그는 꿈을 이루기 위해 돌연 미국으로 비행 유학을 떠났고, 유학 후 2년이 넘는 미취업 시기를 극복해 마침내 30대 초반 나이에 저비용 항공사에 입사했다.

조종사 중에는 실력 있는 이들이 타이밍이 좋아서 엘리트 과정을 거친 후 항공사에 입사하는 사람도 있다. 하지만 캡틴박처럼 먼 길을 돌아서 간신히 입사에 성공하는 사람도 있다.

순탄한 조종사의 길을 다룬 책은 많다. 하지만 조종사가 되기 위해 정보가 부족한 사람에게는 오히려 이렇게 시행착오를 겪어가며 가까스로 조종사 취업에 성공한 캡틴박의 이야기가 더 많은 도움이 될 것이다.

앞으로 내 주변에 에어라인 조종사를 꿈꾸는 젊은 친구들이 있다면 이 책을 선물할 생각이다. 이 책은 실제 조종사의 생활은 어떤지, 어려운 점과 좋은 점은 무엇인지, 어떻게 준비해야 하는지에 대한 알찬 정보를 얻을 수 있는 좋은 책이니 말이다.

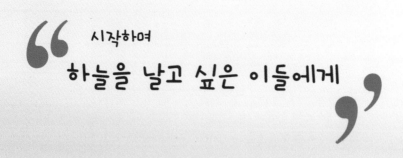

파일럿을 꿈꾸는 이들에게 도움을 주고자 개설한 유튜브 채널 '캡틴박'을 운영하며 지금까지 여러 질문을 받았다. 그중 대답하기 어려운 질문도 종종 있었다.

"파일럿이 되려면 어떻게 해야 해요?"

특히 위와 같은 질문이 대답하기 가장 어려운데, 어디부터 어떻게 설명을 해야 할지 고민이 된다. 그 이유는 조종사가 되는 방법이 꽤 다양하기 때문이다. 질문자의 연령, 상황, 개인에게 주어진 시간 등 질문자의 제한사항에 따라 나의 대답도 달라질 수밖에 없다.

요즘은 인터넷으로 뭐든지 검색하면 원하는 정보를 얻을 수 있는 세상이라지만, '조종사가 되는 방법'이라고 검색을 하면 광고이거나 오래된 자료 또는 실제와는 다른 정보들이 많다. 나 역시 과거 조종사가 되기 위해 공부하고 준비하던 때를 생각하면 파일럿이 갖춰야 할 조건, 스펙, 파일럿 하는 일 등에 대해서 정보를 찾기 어려웠던 것 같다. 이것이 내가 책을 쓰게 된 이유이다.

이 책을 통해 하늘을 날고 싶은 이들에게 알려주고 싶다. 조종석에서 바라보는 하늘은 얼마나 아름답고, 지금까지 함께한 동료들이 비행과 관련해 얼마나 멋진 조언을 해주었는지, 또 파일럿에게 가장 보람 있는 때는 언제인지, 어떤 것들이 힘들며, 언젠가는 마주해야 하는 마지막 비행은 파일럿에게 어떤 의미인지에 대해서 말이다.

이 책은 크게 4장으로 구성되어 있다. 1장에서는 파일럿이 어떤 일을 하고, 파일럿이 갖추어야 할 신체적, 정신적 조건이 무엇인지 그리고 파일럿의 일터인 비행장에 대해서 다뤘다. 아직 대한민국에서는 조종석이 미지의 영역이고, 개인 SNS와 같은 공간에 사진을 올리는 것이 조심스러운 부분이라서 알려진 것이 많지 않은 게 현실이다.

2장에서는 파일럿 채용 절차와 경쟁률, 또 파일럿이 되기 위해 어떻게 준비해야 하는지를 담았다. 3장에서는 파일럿의 실제 생활을 엿보고, 파일럿에 대한 진실 혹은 거짓 등에 대해 답변했다. 4장은 파일럿으로 생활하는 현실과 매력, 이 직업의 전망과 미래에 관해 솔직하게 설명했다.

사실, 사람들이 바라보는 파일럿의 모습과 실제로 파일럿으로 살아가는 것은 분명 차이가 있다. 많은 이들이 파일럿을 동경하는 부분은 아마 공항터미널에서 유니폼을 입고 비행 가방을 끌고 객실승무원들과 함께 비행기로 걸어가는 당당한 모습이 아닐까 한다.

하지만 이는 파일럿의 아주 작은 단면에 불과하다. 불규칙한 근무시간과 밤을 꼬박 새우는 비행도 많고, 이로 인해 식사시간도 매일 바뀌게 된다. 전체적으로 바이오리듬이 깨져서 대부분의 파일럿들은 역류성 식도염, 위장장애, 얕은 수면으로 인한 만성피로에 시달리고 있다. 이 외에도 여러 가지 외부 요인들로 인한 비행 지연, 결항 등은 파일럿들에게 큰 스트레스를 준다. 한 달에 반 이상 사랑하는 가족들과 떨어져 지내는 것은 물론 지인들의 경조사에 참석하기 어려울 때가 많다.

이상하게 들릴 수도 있지만, 파일럿이란 직업은 건강 그리고 지인들과 보내야 하는 나의 소중한 시간을 연료로 삼아 날아오르는 듯한 생각이 들 때도 있다. 그럼에도 내가 파일럿으로 계속 일하고 있는 이유는 분명 매력 있는 직업임이 분명하기 때문이다.

한편, 파일럿의 삶이란 비행을 준비하기 위해 공부하고, 건강과 실력을 관리하고 유지하는 일의 연속이다. 이러한 생활이 어쩌면 비행보다 더 많은 부분을 차지할 수도 있다. 결국, 하늘로 비상하기 위해서 많은 수고로움과 노고와 헌신이 있어야 한다고 말할 수 있겠다.

이제, 한국 항공사와 외국 항공사에서 모두 근무해 본 현직 파일럿으로서 하늘과는 조금 더 가깝고, 지상과는 적당히 떨어져 있는 비행 이야기를 시작해 볼까 한다.

"하늘을 날 준비가 되었나요?"

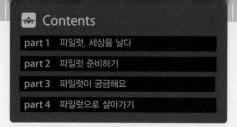

Contents

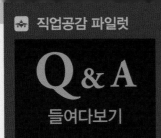

시력이 꼭
좋아야 하나요?

나이와 학력에 제한이 있나요?

파일럿 채용 절차와 경쟁률은 어떤가요?

파일럿은
한 비행기만
조종하나요?

파일럿이
되기 위해
어떤 스펙을
쌓아야 하나요?

일할 때 복장 규정이 따로 있나요?

파일럿이 되려면
유학이 꼭 필요한가요?

한국과 외국의
취업 절차가
많이 다른가요?

파일럿의 전망은
어떠한가요?

기장과 부기장은 식사할 때 메뉴가 다른가요?

꿈을 키워라!

1

파일럿, 세상을 날다

파일럿이
하는 일

"파일럿은 비행기가 바람을 잘 타고 날 수 있도록 하는 사람이야."

내가 부기장이었을 때 강한 바람이 불어와 온몸에 힘을 주어 비행기를 조종하던 적이 있다. 그때 같이 비행하던 기장님께서 긴장을 풀라며 이와 같은 조언을 해주셨다. 이 조언이 파일럿을 가장 잘 설명해 주는 말이 아닐까 생각한다.

영어로 '파일럿'의 사전적인 의미는 'a person who operates the flying controls of an aircraft'이다. 즉, '비행기를 날도록 조종해서 운영하는 사람'이다. 유사어로는 'Airman', 'Airwoman'이라고도 하며, 작은 배로 큰 배를 항구까지 안내하는 도선사(수로를 통해 선박을 안전하게 인도하는 수로 안내인)도 파일럿이라고 부른다. 사전적인 의미들을 종합해 보면 파일럿이란 '비행기를 날도록 조종하고 운영해서 안전하게 인도하는 안내인'이라고 생각하면 될 것 같다.

파일럿들이 자신의 직업에 만족하는 이유는 여러 가지가 있겠지만, 대부분의 경우 자신이 배운 기술과 지식으로 좋은 보수를 받는 점과 사회의 시선에서 직업의 가치가 높게 평가되는 점 때문일 것이다. 또 '좋은 신발은 멋진 곳에 데려다준다.' 라는 말처럼 파일럿이 되면 멋진 도시에 갈 수 있는 점도 한몫할 것이다.

나는 대학교 졸업 후 직업군인 생활을 마친 후 31살에 미국으로 유학을 떠난 것이 첫 외국 경험이었다. 이후 에어라인 파일럿으로 입사해 부기장이 되자마자 방콕, 치앙마이, 푸껫, 괌, 사이판, 코타키나발루, 세부, 마닐라, 호찌민, 하노이, 다낭, 뭄바이, 양곤, 도쿄, 오사카, 삿포로, 기타큐슈, 오키나와 등 정말 많은 도시에서 머무르게 되었다.

한 달에 10일 이상 집이 아닌 낯선 도시에서 머무는 일이 많았는데, 어떤 고참 기장님은 파일럿은 하도 많은 나라를 다녀 마치 '보따리장수'와 같다고 말할 정도였다. 그만큼 짐을 자주 싸고 풀고를 반복한다. 이처럼 파일럿의 장점 중 하나는 일하면서 여러 나라를 가볼 수 있다는 것이다.

특히 파일럿은 회사 동료 혹은 동종 업계의 사람들과 경쟁을 하지 않아도 된다.

그래서 경쟁에서 오는 스트레스를 받지 않는다는 장점이 있다. 파일럿이 받는 스트레스는 날씨, 고장, 자신의 내적 갈등에서 오는 것이지 타인으로부터 받지 않는다. 자기가 할 일만 잘 처리하면 근무 중에도, 퇴근 후에도 아무도 간섭하거나 시간을 뺏지 않는다.

이 밖에도 파일럿이란 직업은 수많은 장점이 있다. 그럼 지금부터 파일럿이 궁금한 이들이 나에게 물어온 여러 가지 질문에 대해 답변해 보고자 한다.

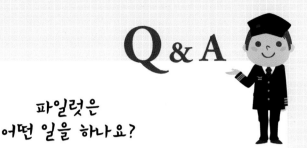

Q&A

파일럿은
어떤 일을 하나요?

파일럿이 하는 일은 '항공기를 조종하는 것'이다. 비행기 운항의 총책임자 역할도 하는데, 70톤이 넘는 비행기를 날아오르게 하는 것이 가장 큰 업무이다.

파일럿이 구체적으로 무슨 일을 하는지 설명하기 위해 출근부터 퇴근길까지 '하루 국내선 비행'을 예로 들어볼까 한다.

먼저, 공항터미널에 도착하면 모자, 넥타이, 견장, 윙(날개 모양의 배지) 등 유니폼을 차려입고, 회사 브리핑룸으로 향한다. 회사 컴퓨터로 로그인해 출근 처리를 한 뒤 기장과 부기장은 '조종사브리핑'* 시간을 갖는다.

이때 부기장은 비행계획서, 항공기 정비 상황, 공항 특이 사항, 기상예보, 항공기 주기장 정보 등을 검토해서 준비해야 한다. 부기장이 준비한 자료를 검토한 뒤 기장은 가장 중요한 일을 결정해야 한다. 예를 들면, 연료를 얼마만큼 탑재할지와 악기상이나 공

* 비행계획서를 바탕으로 연료탑재량, 비행절차, 교체공항 등을 정해서 조종사 간에 상호 확인하고 서류를 운항관리사에게 제출하는 브리핑

항 사정으로 목적지 공항에 착륙을 못 하게 되면 어떻게 해야 할지, 항공기가 정비 중인 부분이 있으면 앞으로의 절차가 무엇인지 등을 확인하고 부기장과 의견을 나눈다.

물론, 객실승무원들과도 브리핑 시간을 갖는다. 이를 '통합브리핑'*이라고 한다(항공사에 따라서 통합브리핑을 회사에서 하는 곳도 있고, 항공기 안에서 통합브리핑을 하는 항공사도 있다).

브리핑을 마치고 비행기에 도착하면 기장은 제일 먼저 외부 점검(비행기 바깥을 둘러보며 손상된 곳은 없는지, 연료급유량이 얼마큼인지 등의 확인)을 한다. 그동안 부기장은 비행 전 조종석 점검을 하면서 비행기 항법장치에 항로정보를 입력한다.

항공기에 문제가 없는 것이 확인되면 승객 탑승을 허가하는데, 이때 공항 혼잡이나 악기상 등으로 출발이 지연되어 승객분들께 불편을 주는 일도 발생할 수 있다. 그럴 때면 기장방송을 통해 '지연방송'이라는 것을 하게 되는데, 상황을 설명하고 사과하는 것이다.

비행기 엔진 시동을 걸었다면 이제부터 업무량이 급증하여 굉장히 바빠진다. 지상에

---

* 조종사들과 객실승무원들이 비행시간, 기상, VIP 이동이나 공항 혼잡 등으로 인한 예상 지연시간, 항공기 상태, 운항과 객실 간 통화 절차에 대해서 질의응답을 하는 회의

있는 조업사와 지상 장비에 관련해서 이야기하면서 동시에 객실의 보고를 받고, 관제사와 무전기로 교신해야 한다. 멀티태스킹 능력이 정말 중요하다고 할 수 있는데, 여러 일을 하더라도 한차례의 실수도 발생하면 안 되기 때문에 긴장의 끈을 놓으면 안 된다.

비행기가 이륙한 후에 순항고도에 도달해 모든 것이 안정화되면 조종사들은 1명씩 번갈아 가면서 커피 한 잔 또는 기내식을 먹는다. 항공사가 풀 서비스(Full Service carrier: 퍼스트, 비즈니스, 이코노미)인지 모노 클래스(Mono class: 모든 좌석이 이코노미)인지에 따라서 조종사들의 식사 메뉴가 다르다. 외국 항공사 중에는 파일럿에게 식비를 제공해 비행 중에 식사를 파일럿 본인이 알아서 해결하도록 하는 곳도 있다.

목적지 공항에 착륙했다면 엔진 시동을 끈 다음에 승객 하기가 시작된다. 승객들이 모두 내린 후에는 비행기 정비기록을 작성해야 한다. 이 외에도 비행계획서와 기타서류를 제출해야 하고, 조종사 각자의 비행로그북에 시간을 적고 나서야 그날 비행이 완전히 끝난다.

집에 도착한 후에는 간단한 휴식시간을 가지며, 다음 비행 스케줄을 확인하고 다음 비행을 위한 알람을 맞추면서 일과를 마무리한다.

Q & A

파일럿에 대한 정보는
어디서 얻을 수 있나요?

파일럿에 관한 정보는 책에서도 얻을 수 있지만, 항공시장은 워낙 급변하기 때문에 책이 개정된다고 해도 웹사이트만큼 빠른 업데이트를 할 수는 없다. 파일럿에 관한 정보를 빠르게 얻을 수 있는 사이트들을 추천하면 다음과 같다.

먼저, 에어라인 파일럿이 되는 정보는 내가 개설한 '캡틴박' 유튜브 채널이나 홈페이지에서 얻을 수 있다. 만약 여기에 원하는 정보가 없다면 국내 정보는 한국항공대학교, 한서대학교, 한국교통대학교, 경운대학교, 극동대학교, 초당대학교, 청주대학교, 중원대학교, 영남대학교, 가톨릭대학교, 관동대학교, 세한대학교, 신라대학교, 한국항공직업전문학교 등 학교 내 항공운항학과 사이트에서 얻을 수 있다. 세부적으로 파일럿에 관한 정보를 얻을 수 있는 웹사이트는 아래와 같다.

*파일럿에 관한 정보 사이트

1. 캡틴박 홈페이지: https://captainpark.co.kr (홈페이지에 댓글로 질문을 남기면 답변을 하고 있다.)
2. 항공사별 조종사 수 통계, 항공뉴스 사이트: https://www.airportal.go.kr

3. 조종사 자격증 필기시험 학습사이트: https://ipilot.co.kr (한국교통안전공단 시험과 동일한 온라인 학습 및 모의고사를 제공하고, 항공지식 칼럼을 읽을 수 있다.)

4. 항공 일자리 포털: https://www.air-works.kr/menu.es?mid=a10401010000 (기장과 부기장의 업무 차이, 세계 여성 조종사 비율 등의 정보를 얻을 수 있다.)

5. 한국교통안전공단: http://www.kotsa.or.kr/html/nsi/qti/AWTTestInfoPilot_1.do (조종사 시험 접수와 시험 관련 정보를 얻을 수 있다.)

6. 유럽 조종사 정보 블로그: https://mariathepilot.com (항공상식을 영상으로 쉽고 흥미롭게 배울 수 있다.)

7. 캡틴 조 홈페이지: https://flywithcaptainjoe.com (항공과 관련해 가장 많은 구독자를 보유한 유튜버의 채널이다.)

8. Mentour Pilot 유튜브: https://www.youtube.com/watch?v=auv_9dLSfTk (항공기 시스템이나 항공산업 전망에 대해 참고할 수 있다.)

Q & A

나이와 학력에
제한이 있나요?

파일럿은 나이와 학력에 제한이 있다. 대한민국을 포함한 대부분의 나라에서 에어라 인 부기장 신규채용 조건에 4년제 학사학위를 요구하고 있다. 그러나 2년제 대학을 졸 업하고 사이버대학이나 방송통신대학 편입으로 학사학위를 취득한 다음 부기장으로 채용된 분들도 보았다.

그렇다면, 소위 SKY 명문대학을 나온 이들이 우선 채용될까? 꼭 그렇진 않지만, 대한 민국에는 아직도 명문대 출신들이 더 우수하다는 선입관이 있어 그것은 전적으로 서 류심사를 하는 분들과 면접관의 성향에 따라 달라진다. 혹여나 명문대 가산점이 있더 라도 비행시간, 영어성적, 제트비행기 면장 등의 다른 스펙들로 충분히 극복할 수 있다.

그리고 일단 서류심사를 통과해 면접과 시뮬레이터 비행평가까지 가게 되면, 그때부 터는 누가 더 면접관에게 좋은 인상을 주는지, 누가 더 회사의 인재상에 맞는 대답을 하는지, 누가 더 비행을 잘하는지로 입사가 결정된다. "낙하산으로 뽑혔다."라는 말은 에어라인 조종사에게 있을 수 없다. 안전운항을 위해 실력 없는 사람을 뽑을 수 없기 때문에 외압이 적용되지 않는 정말 공정한 채용이 진행된다.

4년제 학사학위만 있다면 대학 전공은 무관하다. 지금까지 함께 비행했던 부기장의 전공만 보아도 정말 다양한데 무역학, 행정학, 경호학, 체육학, 경영학, 식품영양학, 기계공학, 영문학, 물리학, 교육학, 심리학 등이 있었다. 이 말은 곧 어떠한 전공이라도 조종사가 될 수 있다는 의미이다.

나이 제한은 어떻게 될까? 부기장 신규채용에서 정확한 나이 제한은 없지만, 대부분의 경우 40대 초반이 넘으면 힘들다고 생각하면 된다. 하지만 40대 중반에 부기장 신규채용에 성공한 사람들도 있어서 불가능하지는 않지만 힘든 일이라고 해야겠다. 그리고 경력직 부기장도 대부분의 나라에서 50세가 넘은 경우 채용하지 않고 있다.

부기장으로 채용되면 부기장으로 근무할 수 있는 최종 나이 제한은 보통 55세인 나라가 많다. 이는 해당 국가의 항공법과 항공사 내부 규정에 의해 조금씩 다를 수 있다.

기장 정년은 대부분의 나라에서 60세이다. 60세 이상부터는 1, 2년 단위로 계약을 연장하는 형태로 비행생활을 이어간다. 일반적으로 에어라인에서 기장으로 근무할 수 있는 최종 나이 제한은 65세(대한민국), 67세(일본), 70세(72세까지 비행할 수 있는 나라들은 호주, 오스트리아, 브라질, 캐나다, 코스타리카, 뉴질랜드, 러시아, 세네갈, 우크라이나 9개국이며, 이 국가들도 65세가 넘은 파일럿은 국내선 비행만 하게 되어 있다) 등 각 나라 항공법에 명시된 것에 따라 정해져 조금씩 다르다.

참고로 시뮬레이터 비행 교관은 나이 제한이 없어서 조종사 신체검사를 통과한다는 가정하에 평생 할 수 있다.

Q & A

파일럿에게 꼭 필요한
능력은 무엇인가요?

첫째, 멀티태스킹이 되어야 한다. 만약 어떤 사람이 운전하는 데 샌드위치를 먹으며 전화를 하고 있다면? 게다가 노래를 흥얼거리는 등 산만한 행동을 한다면? 과연 어떤 사람이 이 차에 타겠는가. 그런데 조종사들은 이러한 멀티태스킹이 가능해야 한다.

때로는 엔진 시동을 걸면서 지상 조업사들과 이야기를 해야 하고, 객실승무원이 인터폰으로 하는 보고 내용에 대답하면서 동시에 관제사와 정비사가 걸어오는 말에 답하고, 조종사끼리도 이야기해야 한다. 바쁠 때는 한 번에 5명과 동시에 대화해야 하는 셈이다.

한 가지 일에 집중하는 게 좋은데, 조종사는 정해진 시간 내에 주어진 일들을 동시에 해야 한다. 동시에 수행하면서도 하나도 빠뜨리지 않고 해야 한다는 게 함정이다. 엔진 시동을 건 다음부터 특히 이륙한 이후에 비행기는 계속 빠르게 움직이고 있어서 착륙하기 전까지 자동차처럼 중간에 멈춰서 점검하거나 지도를 볼 수 없다.

결국, 파일럿은 비행기가 정해진 항로에서 벗어나지 않도록 조종하면서, 때로는 관제사의 지시가 있으면 방향과 고도도 바꾸어야 하고, 비행계획서와 같은지 비교도 하고, 연료소모량은 정상인지, 도착 예정시간이 맞는지 중간중간 확인하는 등 산만해 보일 정도로 멀티태스킹을 잘하는 사람이 조종사로 적합하다.

둘째, 제한시간(데드라인) 안에 일을 처리하는 능력을 갖춰야 한다. 조종사는 어떤 상황이 벌어졌을 때 정해진 제한시간 내에 의사결정을 하고 임무를 수행해야 한다. 만일 제한시간 내 일을 처리하지 못하면 큰일이 발생하기 때문이다. 여기서 큰일이란 안전사고로 승객이 다치거나 비행기에 큰 이상이 발생하는 것을 말한다. 예를 들어, 비행기에 불이 났다고 가정해 보자. 불이 더 퍼지기 전에 비행기를 땅에 착륙시켜서 불을 끄고 비상탈출을 도모해야 할 것이다.

셋째, 낯선 음식을 즐길 수 있어야 한다. 음식에 민감하다면 조종사 생활이 힘들 수 있다. 왜냐하면, 여러 나라에서 머물다 보면 특정 취향에 맞는 음식을 매번 구하기 어려운 경우가 많다. 대부분 현지 음식으로 끼니를 해결해야 한다. 인도, 말레이시아, 태국, 중국 등의 나라의 현지 음식을 잘 소화하고 좋아할 수 있어야 건강한 생활을 할 수 있다.

넷째, 졸음을 잘 참아야 한다. 비행은 낮과 밤을 가리지 않고 계속되기 때문에 졸린 건 당연하다. 또 나라마다 시간이 달라 시차 적응이 어려울 수 있다. 하지만 졸음을 참지 못하면 큰일이 날 수 있다. 만약 비행 중에 번개가 치고, 위험한 구름이 있는 나쁜 날씨가 펼쳐져 있거나, 다른 비행기가 접근하니 빨리 방향을 바꾸라고 하는 관제사의 지시에 빨리 반응하지 못하면 얼마나 위험하겠는가. 그렇기에 "나는 졸음을 정말 못 참아.", "시도 때도 없이 졸려." 이런 분들은 조종사가 되기에 적합하지 않다.

다섯째, 스트레스를 관리할 줄 알아야 한다. 스트레스는 조종사의 '삶의 일부'이고 '업무의 일환'이라고도 할 수 있다. 비행하는 데 눈과 비가 세차게 내리거나 먹구름이 껴서 날씨가 좋지 않거나 혹은 시동을 걸었는데 갑자기 고장을 뜻하는 경고등이 뜬다면 계속 비행을 해도 되는지 1,000페이지가 넘는 매뉴얼을 보고 판단해야 한다. 이처럼 비행 중에는 선택의 순간에 설 때가 많은데 생명이 걸린 일이기 때문에 긴장감에서 오는 스트레스를 받게 되는 것이다.

그날 받은 스트레스는 그때그때 바로 풀어야 한다. 스트레스를 해소하지 못하면 만성 피로와 병으로 발전할 수 있기 때문이다. 내가 추천하는 스트레스 해소방법은 산책, 피아노 배우기, 일기 쓰기가 있다. 이 외에도 가족들에게 편지 쓰기, 컴퓨터에 저장된 옛날 사진을 보며 추억 되짚기 등이 있다.

Q&A

파일럿에도 꼭 맞는
성격도 있나요?

첫째, 항상 답은 있다고 믿는 성격이다. 어떤 상황에서도 포기하지 않고 최선의 결정을 하는 불굴의 투지가 필요하다. 파일럿은 승객과 비행기의 안전을 책임져야 하기에 어떠한 날씨와 상황에도 가장 올바른 결정을 내려야 한다. 연료가 제한되어 있고 공중에서는 항공기를 멈출 수 없기 때문에 최적의 판단과 결정을 가능한 빨리 내리는 것이 정말 중요하다.

둘째, 끊임없이 질문하고, 끊임없이 공부하는 성격이다. 파일럿은 나쁘게 말하면 '꼰대'라고 할 수 있다. 무엇이 옳은지를 항상 비교·판단하고 결정을 내려야 하기 때문이다. 안전을 위해 규정과 절차를 서로 따져야 하고, 같이 일하는 동료가 실수하면 곧바로 바로잡아야 해서 싫은 소리를 계속해야 한다.

파일럿으로서 전문성을 유지하려면 비행하는 시간의 2~3배의 시간을 공부하는 데 투자해야 한다. 회사평가를 위해 영어로 된 수천 페이지의 비행기 매뉴얼과 항공규정 등을 익혀야 하는데, 이 때문에 몇몇 조종사들은 "이렇게 공부를 계속해야 하는 줄 알았으면 조종사를 하지 않았을 것 같다."라고 말할 정도이다.

셋째, 융통성이 없다는 말을 들을 정도로 원칙대로, 규정대로 하는 성격이다. 원칙적으로 일을 처리하라는 말은 나에게 기장 자격을 부여한 심사관이 준 교훈이다. 에어라인 파일럿은 규정과 원칙에서 벗어나면 안 되고, 항공안전에 벗어나는 결정을 하거나 외압에 타협하면 절대 안 된다. 조종석에 있는 한은 융통성이 없다는 말을 들을 정도로 원칙대로, 규정대로 살아야 한다. 이 원칙은 나의 마지막 비행까지 간직할 생각이다.

넷째, 철저한 자기관리와 시간을 칼같이 지키려는 성격이다. 최근 애청하는 라디오를 듣는데, 라디오 오프닝 목소리가 내가 아는 DJ가 아니었다. 알고 보니, DJ가 지각하는 바람에 다른 DJ가 대신 진행한 것이다. 만약 상황을 바꾸어 파일럿이 지각했다면 어떻게 될까. 방송처럼 이렇게 빨리 다른 파일럿으로 교체할 수 없을 것이다.

물론 '스탠바이 크루'라고 해서 파일럿이 갑자기 아프거나 제시간에 올 수 없는 경우 대신 비행할 사람이 배정되어 있기는 하다. 그러나 그들은 자택에서 대기하기 때문에 스탠바이 조종사가 공항까지 올 때까지 해당 항공편은 지연된다. 천재지변이나 교통사고 등의 피치 못할 사정이 아니라 알람을 잘못 맞춰 늦잠을 잔 경우 회사에 큰 손실과 승객들의 불편으로 이어진다.

다섯째, 팀원의 말에 귀를 기울이는 성격이다. 역사적으로 항공사고의 가장 큰 원인은 관제사와 다른 조종사의 말을 잘못 이해했거나 주변의 조언을 듣지 않아서였다. 동료들과 의사소통만 잘 해도 사고를 피할 수 있다. 그래서 의사소통, 팀워크는 무엇보다 중요하다.

파일럿이
갖추어야 할 조건

파일럿이 갖추어야 할 첫 번째 조건은 단연 건강이다. 몸이 튼튼해야 일을 계속할 수 있기 때문이다. 최근 1년마다 1번씩 받는 조종사 신체검사를 하러 병원에 갔다. 병원에 도착하면 제일 먼저 문진표를 작성해야 한다. 흡연량, 음주량, 지병 혹은 가족병력은 없는지 등에 대한 질문이 적혀 있다.

문진표 작성 후에는 체중과 키, 몸무게를 측정하고, 피검사와 소변검사를 한 후에 시력검사를 한다. 특히 시력검사는 시력과 원근감, 굴절률, 주변시, 망막 사진 촬영, 색맹검사 등 일반적인 검사보다 훨씬 까다롭게 진행된다(참고로 대한민국을 포함한 아시아, 유럽 나라들은 ICAO 기준을 따르기 때문에 피검사가 포함되지만, 미국 조종사 신체검사(FAA)는 피검사를 하지 않는다). 그다음은 심전도 검사, 청력검사, 흉부 엑스레이 검사 순으로 진행된다.

검사가 끝난 후에는 항공전문의사와 모든 검사 결과를 바탕으로 건강상담을 한다. 건강상담 내용은 주로 콜레스테롤 수치나 혈압, 간 수치 등이다. 이를 바탕으로 피해야 할 음식, 필요한 음식이나 영양제, 그리고 추천하는 운동 등에 대해 조언을 받는다.

한편, 제2차 세계대전 이전 항공산업의 태동기에는 파일럿이 갖추어야 할 조건이 간단했다. 항공기의 시스템도 단순했고, 비행기 아래에 지형지물을 보고 길을 찾아가는 식의 원초적인 비행을 하는 시대였다. 그래서 파일럿에게 필요한 조건은 단 4개(비행에 대한 열정, 건강한 신체, 빠른 판단력, 임기응변 능력)만 있으면 가능했다. 이론교육이나 전문지식은 조종석에 올라 실전에서 배우면 됐다(역사상 가장 뛰어난 조종사로 인정되는 붉은 남작(만프레트 폰 리히트호펜)도 비행훈련 중 추락했을 정도로, 과거 비행교육은 일단 실수를 하더라도 비행기를 타면서 배웠다고 한다). 그만큼 항공기 사고도 잦았는데, 여러 차례의 사고와 시행착오가 일어난 후에야 제도적으로나 절차적으로 개선된 것이다.

그러던 것이 현대에 와서는 항공기가 발달함에 따라 시스템도 복잡해지고, 구체적인 안전기준과 운항 절차들이 수립되면서 고려해야 할 것도 많아졌다. 이에 따라 파일럿이 갖추어야 할 조건들도 이전과 비교해서 정말 많아지게 됐다. 특히 항법장치도 굉장히 발달해서 안개나 구름 때문에 앞이 안 보여도 항공기가 항로를 이탈하지 않도록 ADF, VOR, DME, TACAN, GPS 등이 개발되면서 파일럿이라면 이 항법 시설의 장비들을 모두 공부하고 이해해야 한다.

결국, 현대의 파일럿들은 과거와 비교했을 때 건강은 물론이거니와 비행지식을 갖추기 위해 공부를 해야 한다. 그래도 아직 건강한 신체가 가장 큰 중요한 요소이니 건강에 대해서 이번 장에서 다뤄보기로 한다.

파일럿이 되기 위한
신체검사가 정말 엄격한가요?

파일럿이 되기 위한 신체검사는 정말 엄격하다. 그래서 많은 파일럿들은 신체검사를 한 달 앞두고 자연스럽게 채식주의자가 된다. 신체검사를 위해 한 달을 풀만 먹고 사는 것이다.

파일럿의 신체검사는 지정된 병원에서만 진행되는데, 관련 정보는 국토교통부 홈페이지에서 확인할 수 있다. 또 한국항공우주의학협회 홈페이지에서는 항공신체검사와 관련된 Q&A와 항공법 시행규칙 개정 등의 정보가 잘 정리되어 있다.

또한, '항공신체검사에 관한 관련 규정'에 대해 더 자세하게 알고 싶다면 국가법령정보센터 홈페이지를 이용하면 된다. 관련 법령은 '항공법 제31조부터 제33조', '항공법시행령 제63조 제7항', '항공법시행규칙 제95조부터 제99조', '제154조', '항공신체검사 업무규정(국토교통부 고시 제2013-96호)' 등이다.

조종사 신체검사에서 가장 중요한 것은 시력검사, 청력검사, 피검사라고 할 수 있다. 그 기준은 '항공법 별표9 제92조항'의 항공신체검사기준표를 참고하면 된다.

*항공신체검사 항목들

키, 체중, 혈압, 맥박, 심전도, 흉부방사선촬영, 혈액, 소변검사, 청력검사, 시력(원거리, 근거리, 중거리, 교정시력), 색각, 사시·사위, 안압 검사 등.

*항공신체검사 세부 기준

- 항공업무 수행을 불가능하게 하는 급성 폐 질환 또는 폐, 종격이나 흉막에 활동성 질환이 없어야 한다.
- 만성 폐쇄성 폐 질환이 없어야 한다. 다만, 협회의 자문에 따라 항공업무의 안전한 수행을 저해하지 않는다고 판단한 경우는 예외로 할 수 있다.
- 항공업무 수행을 불가능하게 할 수 있는 천식이 없어야 한다.
- 폐결핵이 없어야 한다. 단 결핵 또는 결핵으로 의심되는 병소가 치유되었거나 비전염성임을 확인할 수 있을 때는 예외로 할 수 있다.
- 항공업무의 안전한 수행을 저해할 수 있는 선천적 혹은 후천적 심장 이상이 없어야 한다.
- 관상동맥 우회술(coronary by-pass grafting), 스텐트(stent) 삽입과 상관없이 혈관조형술(angioplasty), 기타 심장시술, 심근경색의 병력, 업무수행을 저해하는 그 밖의 심장 질환(incapacitating cardiac condition)이 없어야 한다.
- 수축기와 이완기 혈압이 정상 범위 안에 있어야 하고, 항공업무의 안전한 수행을 불가능하게 하는, 향정신성 물질의 사용으로 인한 정신 또는 행동 장애 및 알코올 또는 기타 향정신성 물질에 의한 의존 증상(dependence syndrome)이 없어야 한다.

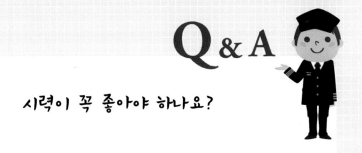

시력이 꼭 좋아야 하나요?

파일럿은 시력이 꼭 좋아야 한다. 흔들리는 비행기 속에서 복잡한 비행 계기를 판독해야 하고 위급 상황 시 활주로와 주변 장애물의 위치를 가능한 빨리 파악해야 하기 때문에 시력이 좋은 눈은 안전비행을 위해 정말 중요한 요소이다.

그렇다면 시력은 얼마만큼 좋아야 할까? 항공안전법 시행규칙의 항공신체검사기준(제1종 기준)에 따르면, 조종사의 시력 기준은 안경이나 렌즈를 착용하고 교정시력을 포함해 1.0 이상의 원거리 시력이 있어야 한다. 근거리 시력은 0.5 이상 되어야 한다.

시력이 좋더라도 색맹검사와 주변시 검사와 굴절률 검사도 통과해야 하고 망막 엑스레이 사진도 찍어야 한다. 색맹이 에어라인 조종사가 될 수 없는 이유는 비행기에는 흰색, 녹색, 파랑, 노랑, 빨간색의 경고등과 문자 메시지가 있기 때문이다. 이 색깔들은 '생과 사'를 가를 만큼 중요하다고 할 수 있는데, 그렇기에 파일럿은 정확하게 색깔을 구분할 수 있어야 한다.

또 아무리 익숙한 길이더라도 안개나 구름으로 인한 저시정으로 혹은 주변 지형지물이나 야간 도시의 불빛으로 인해 공항을 찾기 어려울 때가 있다. 그래서 파일럿은 일반인보다 더 좋은 시력이 필요하다.

*눈과 관련된 세부적인 기준

– 안구 또는 안구 부속기에 항공업무에 지장을 줄 질환과 수술 및 상해로 인한 후유증이

  없을 것.

– 녹내장이 없을 것.

– 중간 투광체·안저(眼底) 또는 시로(視路)에 항공업무에 지장을 줄 질환이 없을 것.

– 눈 굴절 상태에 영향을 주는 수술을 받지 아니한다. 다만, 피검자의 면허나 한정업무 수

  행 시 지장을 줄 수 있는 후유증이 없는 경우는 제외한다.

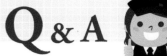

라식수술이
큰 감점 요소인가요?

라식수술이란 굴절 이상으로 인해 저하된 시력을 레이저를 이용해 각막을 깎아서 시력을 교정하는 수술이다. 대한민국 항공사 중 자체 항공신체검사 병원이 있는 경우 라식수술이 불합격 사유가 될 수 있지만, 그 외 대부분의 항공사에서는 항공조종사신체검사에서 1등급만 받으면 입사할 수 있다(2020년 기준으로 자체 항공신체검사 병원이 지정된 국내 항공사는 3곳이다).

특히 중국을 제외한 외국의 항공사에서는 항공조종사신체검사에 통과한다면 라식수술을 문제 삼지 않는다. 사실 비행을 하는 데 있어서 라식수술이 문제가 되기보다 굴절률, 주변시, 색맹 등이 더 문제가 된다. 단지 라식수술이 입체시에 문제를 주어 거리감을 떨어뜨리고, 색깔을 다르게 볼 수 있다는 우려 때문에 감점 요소가 되는 것이다.

결론적으로 라식수술을 했더라도 항공조종사신체검사에서 1등급을 받고, 항공전문의가 이상 없다고 판단한다면 라식수술은 비행하는 데 문제가 없으며 소수의 항공사를 제외하고 입사 지원 시 큰 감점 없이 진행될 것이다.

덧붙여 대부분의 경우 항공사 지정병원이 없어 원하는 항공전문의에게 검사를 받을 수 있는데, 어느 항공전문병원의 신체검사에서 탈락했더라도 몇 달간 건강관리를 하고 다른 전문병원에서 조종사 신체검사에 통과하는 조종사도 있다.

체력이 중요하다던데, 건강은 어떻게 관리하나요?

파일럿의 건강유지 비법은 '식이요법'과 '운동법'에 달렸다고 봐도 무방하다. 파일럿에게 있어 건강유지는 이 일을 하는 데 있어서 가장 중요하고 필수적이다. 그렇기 때문에 파일럿들은 서로의 노하우를 공유하고 있는데, 신기하게도 공통으로 하고 있거나 습관처럼 지키는 것들이 몇 가지 있다.

먼저, 기름진 튀긴 음식은 되도록 피하고 삶은 음식을 먹는 것이다. 또 채소, 과일 등도 틈틈이 섭취하는데 채소는 양상추와 양배추, 과일은 오렌지와 코코넛을 주로 섭취한다. 외국 호텔에서 비행 전에 조종사들이 체류하는 것을 레이 오버(lay-over)라고 하는데, 아침에 호텔 뷔페에서 조종사들이 식사하는 것을 관찰해 보면 접시에 온통 이 같은 채소와 과일이 담겨 있는 것을 볼 수 있다.

종합비타민은 매일, 피로회복제는 일주일에 2번 정도 섭취한다. 탄산음료는 3일에 한 번 정도, 커피는 평상시에는 자제하고 비행 중이나 회사 심사공부를 할 때 잠을 깨기 위해 마신다. 당분이 떨어졌다고 느껴지면 무설탕 요구르트에 견과류와 꿀을 첨가해서 디저트로 즐기기도 한다.

또한, 파일럿 중에는 운동을 즐기는 이들이 많다. 주로 헬스클럽에서 러닝머신과 웨이트 트레이닝을 한다. 경치 좋은 외국에서 머무는 경우에는 골프를 즐기는 사람도 많고, 머무는 호텔에 테니스 코트가 있는 경우에는 동료들과 테니스를 즐기기도 한다. 개인적으로 구기종목 운동은 염좌나 근육 손상 등의 부상을 우려해 가급적 피하고 가벼운 산책을 즐기는 편이다. 그래서 공을 이용한 운동을 좋아하지만, 파일럿이 된 이후에는 산책 쪽에 비중을 더 두고 있다.

특히 파일럿은 오랜 시간 조종석에 앉아서 시간을 보내기 때문에 스트레칭이 무엇보다 중요하다. 허리와 목에 좋은 정보가 담긴 책을 참고하기도 하고, 유튜브에 업로드된 스트레칭 영상을 따라 하는 등으로 체력을 기르기 위해 여러모로 애쓰고 있다.

Q&A

건강을 위해 꼭 챙겨 먹는 약이 있나요?

파일럿마다 건강유지를 위해 각자 자신에게 꼭 맞는 영양제를 챙겨 먹고 있다. 나 역시도 매일 챙겨 먹는 영양제가 있다. 총 4가지의 영양제를 먹고 있는데, 건강을 위해 내가 꼭 섭취하고 있는 영양제를 소개하고자 한다.

우선 몸에 좋다는 데 이견이 없는 '종합비타민(비타민 A, C, E와 철분 등)'을 기본적으로 매일 먹고 있다. 또 관절에 좋다는 '글루코사민'을 챙겨 먹고 있다. 파일럿들은 기압차에 계속 노출되고, 많은 시간을 앉아서 생활하기 때문에 관절에 영양을 공급할 필요가 있다.

또 파일럿은 일반인보다 강한 자외선과 햇빛에 노출되고 있고, 지도와 비행계획서를 옆에다 두고 쉴 없이 읽어야 하기 때문에 눈 보호를 위한 영양제 섭취가 필수이다. 시력 개선 효과가 있다는 영양제에는 '루테인(Lutein)'이란 것이 있는데, 나의 개인적인 느낌으로는 사물이 완전히 잘 보인다는 느낌은 아직 없지만, 블루베리나 딸기 등의 신선한 과일과 함께 먹을 때 시력이 개선되는 효과를 체감했다.

그리고 부기장 때 한 기장님에게 '밀크씨슬(Milk Thistle)'이 피로회복에 좋다는 말을 듣고선 꾸준히 복용 중이다. 플라세보 효과(속임약 효과)일 수도 있지만 밀크씨슬을 섭취하면 덜 피곤하다는 기분이 든다.

이 외에도 동료 파일럿들은 다양한 영양제를 챙겨 먹고 있다. 비행기 안은 매우 건조한 데다가 불규칙한 생활과 기압 차가 있고, 스트레스로 인해 탈모가 생기기 쉬우며 손톱 등도 약해지기 마련이다. '비오틴'이 이럴 때 효과가 있다고 해서 섭취하는 파일럿들이 있다.

'홍삼 엑기스'는 이전에 다니던 항공사에서 지급해 주어서 복용했었는데, 동료들 사이에서 같은 일을 해도 피로가 덜하고 집중이 더 된다는 의견이 많았다. '어유(Fish Oil)'와 '오메가-3(Omega-3)'는 콜레스테롤 수치관리와 체중조절에 좋은 영양제로 손꼽힌다.

비행장
둘러보기

공항시설법 제2조를 보면 비행장이란 '항공기·경량항공기·초경량비행장치의 이륙과 착륙을 위하여 사용되는 육지 또는 수면의 일정한 구역으로서 대통령령으로 정하는 것'을 말한다. 여기서 '대통령령으로 정하는 것'이란 활주로와 아래의 가, 나를 의미한다.

가. 항공기의 이륙·착륙 및 항행을 위한 시설과 그 부대시설 및 지원시설
나. 항공 여객 및 화물의 운송을 위한 시설과 그 부대시설 및 지원시설

활주로란 항공기 착륙과 이륙을 위하여 국토교통부령으로 정하는 크기로 이루어지는 공항 또는 비행장에 설정된 구역을 의미한다. 비행장은 활주로가 어떤 재질로 만들어졌는지에 따라 수상 비행장, 아스팔트 비행장, 잔디밭 비행장, 흙바닥 비행장으로 구분할 수 있다.

물론 국제공항들은 아스팔트로 활주로를 만들지만, 변두리 지역 작은 비행기들이 운항하는 소규모 공항들의 활주로는 잔디, 흙, 물 등으로 만들어진다.

수상비행기는 파도만 강하지 않다면 바다나 강에도 내릴 수 있지만, 따로 공항 지도에도 표시된 수상비행기가 내릴 수 있도록 만들어진 물 활주로도 있다. 휴스턴에 있는 Hooks 공항이 대표적인 예라고 할 수 있는데 공항지도에 'Seaplane landing area'라고 쓰인 부분은 호수처럼 물로 채워진 공간이다.

공항에서 가장 중요한 곳은 뭐니 뭐니 해도 '관제탑'이다. 영어로는 'Control tower'라고 한다. 말 그대로 항공기들을 통제하는 높은 탑에 있어 이런 이름이 지어졌다. 탑의 꼭대기에는 유리로 360도로 전 방향을 볼 수 있는 사무실(control tower cab)이 있다.

흥미로운 사실은 세상에 관제탑이 없는 공항도 많이 있다는 점이다. 관제탑과 관제사가 없는 공항에서는 접근하는 비행기들이 '맹목 방송'이라는 것을 하면서 접근한다. 미국 비행학교에서 비행하던 시절에 가끔 이렇게 관제탑이 없는 공항에 착륙해 급유를 한 적이 있는데, 공항에 정말 한 사람도 찾을 수 없었고, 비행기를 착륙시켜 셀프주유소에서 혼자 주유를 마치고 다시 이륙했다. 이처럼 관제탑이 없는 무인공항에서 만날 수 있는 사람은 오직 급유를 하러 온 파일럿뿐이다.

그리고 승객들에게 가장 친숙한 공항터미널이 있는데, 터미널에는 공항검색대, 항공사 티켓 카운터, 탑승구, 면세점 등이 있다. 대부분의 경우 공항터미널에 면세점을 제외한 식당, 약국 등 모든 상점은 공항 바깥보다 물건의 가격이 약간 비싼데, 높은 임대료의 이유가 크게 작용한다.

면세점에서는 항공사 직원에게 추가 할인 혜택을 주는 경우가 많다. 나 역시 할인 혜택 때문에 필요하지 않은 물품을 많이 사기도 했다. 카더라 정보로는 항공사 직원이 승객을 안전하게 모시고 온 덕분에 면세점이 더 잘될 수 있었기에 할인 혜택을 주는 것이라고 들었다.

Q & A

항공사에서 근무하는
파일럿은 보통 몇 명인가요?

항공사는 회사에서 보유하고 있는 항공기 대수에 따라 조종사를 채용하고 유지한다. 항공정보포털시스템 홈페이지에 명시된 자료에 따르면 2019년도 운송용 조종사와 항공기 현황은 아래 표와 같다.

구분	운송용 조종사* (단위: 명)	항공기 보유(비행기) (단위: 대)
대한항공	1,806	167
아시아나항공	1,029	83
에어부산	128	25
에어서울	56	7
에어인천	6	3
이스타항공	148	19
제주항공	392	40
진에어	254	27
티웨이항공	245	25
플라이강원	18	9(계획)

* 운송용 조종사 자격증은 기장승급을 위한 것으로, 표에서 말하는 운송용 조종사의 수는 기장과 기장승급 대상 부기장의 수를 더한 수이다.

예를 들면, 대한항공에서 보유한 항공기는 167대인데, 운송용 조종사(기장과 기장승급을 앞둔 부기장)가 1,806명으로 비행기 1대당 약 10명의 기장이 있는 것이다. 보통 메이저 항공사는 비행기 1대당 10명의 기장과 10명의 부기장이 있고, 저가 항공사는 비행기 1대당 8명의 기장과 8명의 부기장이 있다고 생각하면 된다. 물론, 신생 항공사라서 아직 노선이 많지 않다면 기장 6명과 부기장 6명으로도 충분히 운항할 수 있다. 이처럼 항공사에서 근무하는 조종사가 몇 명인지 궁금하다면 해당 항공사에서 보유한 비행기 대수를 확인하면 쉽게 알 수 있다.

Q&A

파일럿 외 비행장에서
일하는 사람은 누가 있나요?

비행장에는 정말 다양한 직종을 가진 사람들이 일하고 있다. 파일럿은 비행기의 시동을 거는 순간부터 끝날 때까지 많은 이들의 도움을 받고 있다. 비행하는 데 있어 혼자서 해결할 수 없는 부분이 많기에 이들은 원활한 비행과 승객 안전을 위해서 그 누구도 없어서는 안 될 꼭 필요한 소중한 사람들이다.

① 객실승무원

명칭은 'Cabin Crew' 또는 객실승무원, 'Flight Attendant' 등을 사용한다. 출발 전 기내 장비 점검부터 응급 구조, 기내 고객 서비스를 담당하고 있다. 비상 상황에는 안전요원으로서 승객을 통제하고 인솔한다.

② 관제사

'Air Traffic Controller'라고 불리는 관제사는 말 한마디로 비행기를 움직이고 멈출 수 있는 사람이다. 항공기 교통경찰관이라고도 할 수 있는데, 조종사가 비행기를 안전하게 운항할 수 있도록 수많은 비행기를 적절하게 배치해 여러 항공기의 흐름을 관리한다.

③ 항공정비사

항공정비사가 하는 주 업무는 항공기 정비이다. 보통 현장에서 관리와 감독을 하며 기술지시 및 지휘 감독을 하는 엔지니어 파트와 직접 현장에서 비행기를 수리 및 점검하는 정비 파트로 나누어진다.

④ 지상조업사

지상조업사는 항공기에 화물을 적재하거나 하기하는 역할이다. 여러 가지 지상장비들을 연결해 작동시키고, 기내 청소업무를 하는 이들 모두 포함해서 지상조업사라고 부른다. 여기서 지상장비라고 함은 지상시동장비, 외부 에어컨, push back towing car or tug car(비행기를 뒤로 밀거나 끌고 다니는 차량) 등을 의미한다.

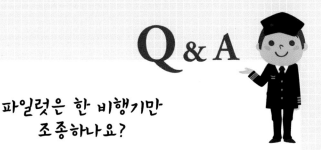

Q & A

파일럿은 한 비행기만 조종하나요?

파일럿이 조종하는 비행기는 계속 바뀐다.

파일럿이 매번 다른 비행기로 비행하는 이유로 여러 가지가 있겠지만 그중 비행 스케줄의 이유도 한몫한다. 파일럿들도 더 선호하는 나라와 도시들이 있다. 그래서 보통 한 달 비행 스케줄을 배정할 때는 컴퓨터 프로그램으로 무작위로 골고루 배정하여 모두가 선호하는 비행과 기피하는 비행을 가능한 한 공정하게 섞는데, 비행기도 골고루 탈 수밖에 없게 되는 것이다.

나는 지금까지 3곳의 항공사에서 근무해 보았고, 그중 한 항공사에서는 매달 한 곳의 목적지를 선택할 수 있었다. 물론 선착순으로 신청을 받았지만 한 달에 한 번 원하는 날짜에 원하는 공항을 갈 수 있는 것이 좋았다. 예를 들어, 해가 지는 모습이 아름다운 코타키나발루에 우기를 피해서 가면 멋진 석양을 볼 수 있고, 11월에 태국을 가면 겨울이라 가장 선선하고 좋은 날씨를 느낄 수 있는데, 이처럼 자신이 선호하는 풍경이나 날씨에 따라 나라를 선택하는 것이다.

하지만 대부분의 항공사의 경우 원하는 비행기, 원하는 목적지를 선택할 수 없다. 파

 일럿이 선택할 수 있는 것은 다음 달에 언제 휴일을 보낼지 고르는 것뿐이다. 결국, 파일럿은 항공사에서 정해 준 날에 항공사가 정한 비행기를 조종해서, 항공사가 지정한 공항에 가는 직업인 셈이다.

파일럿의
한 달 비행 스케줄

조종사의 비행 스케줄은 항공사의 종류 및 항공기 기종에 따라 달라진다. 항공사의 종류라고 함은 대한항공과 아시아나항공과 같은 메이저 항공사(Full Service Carrier: 일등석, 비즈니스석, 이코노미석 모두 있음)와 LCC(Low Cost Carrier: 이코노미만 있거나, 2가지 등급의 좌석만 있음)라고 불리는 저비용 항공사를 말한다.

또한, 파일럿의 휴일의 경우 국내항공법과 각 항공사 규정, 근무협약 등에 따라 정해지게 된다. 대부분 한 달에 평균 8~10일 정도의 최소 법정 휴일로 쉴 수 있다. 이는 성수기 및 비성수기에 따라 1~2일 정도 유동적으로 변동될 수 있다.

① 대형 항공사 단거리 기종의 경우(국내선, 일본, 러시아, 동남아 등의 노선)
국내선과 비행시간 8시간 이내의 국제선 비행 일정이 함께 배정된다. 다양한 여러 공항을 다니는 대형 항공사의 특성상 국내선은 1~2일 정도 해당 도시에 체류하며, 월(30일) 기준으로 볼 때 20일 정도는 비행근무를 하고, 10일 정도의 휴일이 있다.

② 대형 항공사 중장거리 기종의 경우(유럽, 아메리카, 오세아니아 등의 노선)
멀고 긴 시간을 비행하기 때문에 도착 공항이 있는 도시에서 1~2일 정도 체류하며 휴식을 하고 다시 한국으로 돌아오는 스케줄 패턴이다. 보통 한 달에 15일 정도 휴일을 보내므로, 한 달의 절반의 시간 동안 비행과 해외 체류를 한다고 생각하면 된다.

③ 저비용 항공사 단거리 비행
저비용 항공사는 메이저 항공사에 비해 노선이 적기 때문에 같은 구간의 비행을 더 자주 한다. 1시간 정도의 짧은 구간의 비행일 경우 보통 4번의 이착륙을 하는 경우가 많고, 3번의 이착륙을 하고 하루 체류하면서 휴식을 취한 뒤 다음 날 3번의 이착륙을 하고 퇴근하는 비행도 있다.

예를 들면, 김포 → 제주, 제주 → 김포, 김포 → 제주의 비행을 마치고 제주도에 있는 호텔에서 1박 휴식을 취한다. 다음 날 제주 → 김해, 김해 → 제주, 제주 → 김포로 돌아오는 식이다.

④ 저비용 항공사 중장거리 비행

요즘은 저비용 항공사 중에서도 중장거리 비행기를 운영하는 항공사가 늘고 있다. 중장거리의 경우는 취항 공항이 많지 않기 때문에 10개 이내 정도의 공항을 취항하면서 잦은 비행을 하게 된다.

저비용 항공사의 중장거리 비행은 한국에서 동남아, 괌, 사이판 정도의 비행을 생각하면 되는데, 3시간에서 7시간 정도의 비행이다. 예를 들어 인천-세부에 매일 취항하는 경우, 인천공항에서 이륙해서 세부공항에 착륙한 뒤 세부에 있는 회사 호텔에서 24시간 휴식을 취하고, 다음 날 세부 → 인천 비행을 한다. 주 2회만 운항한다면, 세부에 도착해서 3박 4일 정도 휴식을 취한 다음 세부 → 인천 비행을 하는 것이다.

꿈을 향해
뛰어보자!

2

파일럿   준비하기

파일럿이
되기 위한 준비

지구에 있는 동물 중에 노화나 병으로부터 가장 자유로운 동물은 새라고 한다. 왜냐하면, 새들은 모든 병의 근원인 스트레스를 날면서 해소하기 때문이다.

조종사도 스트레스를 비행으로 풀 수 있는데, 땅을 박차고 공중으로 날아올라 구름보다 높은 곳까지 다다르면 지상에서 받은 답답함과 스트레스가 풀리는 느낌을 받는다. 높은 곳에 올라가 지상을 바라보면 비행 전에 걱정하고, 큰일이라고 여겼던 모든 지상의 일들이 사실은 사소할 수도 있다는 진리도 배울 수 있다.

그렇다고 파일럿의 마음이 바다처럼 넓진 않다. 아이러니하게도 잘못 조작하면 큰일 나는 스위치와 버튼들에 둘러싸여 생활하다 보면 성인군자 같던 사람도 '타인보다 민감한 사람' 혹은 '잔소리꾼'으로 변하게 된다.

아무튼, 이번 장에서는 파일럿이 되기 위한 준비는 어떤 것들이 있고, 어떻게 시작해야 하는지에 대해서 다뤄 보고자 한다. 또 파일럿 채용 절차와 경쟁률, 파일럿이 되기 위해선 유학이 꼭 필요한지, 그리고 어떤 스펙과 경험이 도움 되는지에 대해

자세히 담았다.

걱정되는 것은 이번 장을 읽고 '파일럿 되기 참 힘들겠구나.'라는 생각이 들 수도 있다는 것이다. 파일럿이 되는 과정은 '시간', '노력', '타이밍', '운' 이 4가지가 모두 충족되어야 한다고 할 수 있는데, 웬만큼 비행을 좋아하는 것만으로는 부족한 것이 현실이다.

Q & A

파일럿 채용 절차와
경쟁률은 어떤가요?

파일럿 채용 절차는 항공사마다 순서가 조금씩 다를 수 있지만, 대부분 다음과 같은 절차로 진행된다.

첫 번째로 서류심사를 진행한다. 해당 항공사에서 배포한 입사지원서 양식에 따라 작성하고 필요한 첨부서류를 제출해야 한다. 여느 회사와 마찬가지로 입사지원서에서 가장 중요한 것은 자기소개서이다.

첨부서류는 조종사 자격증(계기용 IFR, 사업용 CPL, 쌍발기 면장 MEL), 항공신체검사 1등급 확인서류, 조종사영어등급, 비행시간 증명서류(비행학교 또는 기관), 비행학교 수료증명서, 4년제 대학 졸업증명서, 대학 성적증명서 등이 있으며, 그 외에 추가로 항공사에서 요구하는 서류를 제출해야 한다.

서류심사에 통과했다면, 두 번째로 신체검사를 진행한다. 항공사 자체 지정병원에서 진행되는 항공신체검사는 정말 까다롭다. 러닝머신을 뛰면서 심전도를 측정한다거나, 누워서 혈압을 측정하는 방식으로 매우 철저하다. 이 경우 최소한 3개월 이상 식이요법과 운동을 병행하며 준비해야 한다.

세 번째, 1차 면접(항공실무 면접)이다. 앞의 단계에서 통과한 지원자들을 3명에서 6명씩 한 조로 묶어 항공지식, 지원동기 등에 대해 질문한다. 내가 파일럿을 준비하던 때 실제 받았던 질문들은 아래와 같다.

- 'CAVOK'가 의미하는 것은 무엇인가요?
- 운전하다가 교차로에서 신호등이 노란색일 때, 급정거할 건가요, 아니면 가속할 건가요?
- 'RNAV'는 무엇을 뜻하나요?
- 'Stabilized approach'의 정의는 무엇인가요?
- 까다로운 기장님과 비행할 때 어떤 자세가 바람직한가요?
- 'CRM'에 대해 알고 있는 것을 설명해 주세요.

면접은 실제 면접 경험이 많을수록 좋다. 본인이 잘 아는 질문도 긴장하면 생각이 안 나서 머뭇거리기 마련이다. 하지만 면접에서 당황한 기색을 보였다면 바로 탈락이라고 생각하면 된다.

네 번째, 시뮬레이터 비행평가이다. 비행하는 데 있어 무엇을 평가할지 알 수 없기 때문에 가능한 모든 시나리오를 연습해야 한다.

마지막 단계로 다섯 번째, 2차 면접(최종면접, 임원면접)을 보게 된다. CEO(또는 부사장이나 임원), 인사부장, 운항본부장 등 높은 위치에 있는 이들이 평가한다. 이들에게 성실함과 전문성을 적극적으로 보여야 하며 걸음걸이, 복장 등 기본적인 것에 충실해야 한다. 나는 과거 면접에 대비하기 위해 예상 질문들을 만들어서 비디오 녹화를 했다. 버벅거리는 부분이 있으면 다시 촬영하는 식으로 만반의 준비를 했다.

위와 같은 과정을 거친 후에야 진짜 파일럿이 되는 것이다. 한편, 채용 경쟁률은 항상 일정하지는 않지만 대략 50 대 1 정도이다. 참고로 항공사 부기장 신규채용에 필요한 자격증인 사업용 조종사 면장을 취득한 인원은 2018년 1,544명, 2019년에는 1,688명이다. 하지만 JTBC 보도에 따르면, 2018년 한국 부기장 신규채용 인원은 500명 미만이었다. 그만큼 파일럿이 되기 위한 경쟁은 매우 치열하며, 매년 약 1,000명 정도가 취업하지 못하고 있는 현실이다.

Q&A

파일럿이 되려면
어떤 학과를 나와야 하나요?

내가 10년 넘게 비행하면서 만나본 동료 파일럿의 전공을 떠올려 보면 경호학, 영문학, 약학, 경영학, 화학, 무역학, 기계공학 등 정말 다양하다. 이처럼 파일럿이 되기 위해 꼭 어떤 학과를 나와야 한다는 공식은 없다. 굳이 꼽아야 한다면, 파일럿은 영어로 된 매뉴얼을 보고 일하고 관제사와 영어로 대화하기 때문에 영문학을 전공하면 비교적 유리한 측면이 있다.

물론 대한민국에 저비용 항공사가 생기기 전에는 메이저 항공사밖에 없었고, 그 당시 항공 관련 전공대학, 공군사관학교의 조종 장학생 출신이 대부분인 시절도 있었다. 그러나 저비용 항공사가 하나둘 생겨나고, 항공시장이 활성화되면서 비전공자가 파일럿이 되는 기회가 많아졌다. 항공 분야 전공자들만으로 조종사를 뽑기에는 부족한 시대가 된 것이다. 이 때문에 항공과 전혀 관계없는 전공으로 대학을 졸업하고 다른 분야에서 일한 이들도 뒤늦게 비행을 시작하는 것이 가능해졌다.

정리하자면, 파일럿이 되기 위해선 어떤 분야를 전공하느냐는 필수요건이 아니며, 영어와 비행 실력, 인성을 갖추는 것이 가장 중요하다고 할 수 있다.

Q&A

항공과 관련된 대학이 아니면 파일럿이 될 수 없나요?

위 질문의 답과 같은 맥락으로 반드시 항공과 관련된 대학을 나오지 않아도 된다. 과거 국내에 소수 항공사만 있던 시절에는 공군사관학교 공군조종 장학생(학사 장교, ROTC 중에서 공군 조종사 일부 선출), 항공대학교 등 항공 관련 전공자의 비율이 높았다. 하지만 저비용 항공사의 출현으로 조종사 수요가 증가함에 따라 외국 비행학교를 나오거나 국내 울진비행훈련원 및 기타 비행학원에서 조종사 자격증을 취득한 후 항공사에 입사하는 이들의 비율이 증가했다.

물론 항공 관련 대학을 졸업한 경우 유리한 측면이 있는데, 파일럿으로 일하고 있는 선배를 만나서 멘토로서 어떻게 준비하고 공부했는지, 면접 때 어떤 질문들을 받았는지, 시뮬레이터에서 어떤 과제를 수행했는지 등을 묻고 정보를 얻을 수 있다. 또 항공 관련 대학을 나온 사람은 항공역학이나 교통통신업무 등의 과목을 수강했기 때문에 자기소개서와 면접 시, 아무래도 파일럿 항공지식을 활용할 수 있을 것이다.

하지만 도움을 줄 수 있는 인맥은 꼭 대학 선배가 아니더라도 비행학교나 항공 관련 SNS, 항공 블로그 등에서도 얻을 수 있어 전적으로 개인의 노력에 달려 있다.

결국, 항공 관련 대학을 졸업하면 선배 파일럿의 조언과 정보를 얻을 수는 있지만, 면접과 시뮬레이터 비행평가는 본인의 실력으로 임해야 하기에 합격의 당락을 결정짓는 것은 본인이 얼마큼 공부하고, 준비하고, 노력했는가이다.

Q & A

파일럿이 되기 위해 어떤 스펙을 쌓아야 하나요?

파일럿이 되기 위해선 조종사 자격증, 항공신체검사 1등급, 조종사영어등급, 항공무선기능사 자격증, 유창한 영어 실력, 팀워크 능력, 임기응변 능력, 정확한 상황 인식과 의사결정 능력 등이 필요하다.

조종사 자격증에는 자가용 조종사 PPL, 사업용 조종사 CPL, 운송용 조종사 ATPL, 계기용 IFR, 쌍발기 면장 MEL 등이 있다(이 중 운송용 조종사 자격증은 항공사 기장만 필요한 자격증으로 부기장으로 지원할 때에는 필요하지 않다).

덧붙여 민간 항공사에 신입 부기장으로 입사하는 경우, 항공사에서 지원자격을 정한다. 특정 항공사는 비행경력 1,000시간 이상이 되어야만 지원할 수 있지만, 보통 최소 200~500시간 이상의 비행경력을 요구한다.

대부분의 경우 자가용·사업용·계기용·쌍발기 조종사 자격증, 영어등급, 4년제 대학 졸업증명서와 성적증명서가 필수 구비서류들이며, 제트기 면장을 요구하거나 입사 후 제트기 면장(Type rating)을 취득하는 비용을 스스로 부담하도록 하는 항공사도 있다.

그 외에 항공무선기사 자격증(비행기 무전기 사용 자격증), 항공신체검사 1등급(화이트 카드), 항공영어등급(4, 5, 6등급 중 1가지 등급), 비행시간 증명서류(비행학교 인증서류 또는 항공기 대여 영수증과 연료 영수증 등) 등이 필요하다.

*자가용·사업용·운송용 조종사 자격증의 차이점

1. 자가용 조종사 자격증

자가용 조종사는 비행하면서 금전적인 수입을 얻지 않는 조종사를 말한다. 자동차로 말하자면, 보통 운전면허와 영업용 면허가 다른 것으로 이해하면 된다.

2. 사업용 조종사 자격증

자가용 조종사 면허가 있는 사람만 응시할 수 있다. 자가용 조종사 과정보다 더 어려운 필기시험을 통과해야 하며, 더 어려운 비행 기동을 할 수 있어야 한다. 항공사에 여객기 부기장으로 지원하기 위한 필수 자격증이다.

3. 운송용 조종사 자격증

에어라인 기장이 되기 위해 꼭 필요한 자격증이다. 조종사 자격증의 꽃이라고 불린다. 비행에 관련된 지식은 물론 항공법, 해당 여객기의 시스템 등 항공에 관한 모든 것이 시험 범위이다. 나아가 한국에서는 필기시험과 구술시험으로 나누어져 있다. 특히 구술시험 시험장에 들어가면 국토부에서 지정한 심사관과 1 대 1 면접을 본다. 시험시간은 보통 30분 정도이고 보편적으로 2문제 이상 대답하지 못하면 불합격이다.

Q & A

파일럿이 되기 위해
어떤 경험을 하면 좋을까요?

지금까지 파일럿으로서 일하며, 그리고 선배 조종사들과의 대화를 통해 알게 된 '파일럿이 되기 위해 미리 해보면 좋은 경험들'에 대해서 소개하고자 한다.

첫 번째는 '여행'이다. 파일럿이 되기 전 여행은 큰 도움이 된다. 이유는 우리가 처음 가보는 곳에서 새로운 상황을 접하면서 임기응변 능력과 정확한 상황 인식 능력을 키울 수 있기 때문이다. 파일럿으로 일하다 보면, 미처 생각하지 못한 당황스러운 상황들과 마주하게 될 것이다.

예를 들면, 폭풍 속을 비행하다 보면 관제사와 교신이 힘들거나 GPS 신호를 잃는 경우도 있다. 승객이 아프거나 기내에 난동이 벌어지는 것은 물론, 목적지 공항 활주로에 차량이나 야생동물이 있을 수도 있으며, 공항 주변에서 공군 비행기의 훈련이 있을 수도 있다. 파일럿으로 일해 보니 모든 상황을 산정해서 준비한다는 것은 불가능하다. 그래서 파일럿이 되기 전 여행을 통해 스스로 낯선 상황에 부딪혀 보는 것은 좋은 경험이 될 것이다.

두 번째는 '자동차 운전'이다. 자동차 운전은 반사신경을 단련하는 데 매우 효과적이다. 방향감각도 높여 주는 수단이기도 하다. 물론 자동차는 2차원 공간을, 비행기는 3차원의 공간을 이동한다는 부분에서 다를 수는 있지만 자동차와 비행기 모두 반사신경과 방향감각이 필요하다는 점에선 공통점을 갖는다.

세 번째는 '직장 혹은 단체생활 경험'이다. 간혹 파일럿은 혼자서 일한다고 잘못 생각하는 사람이 있는데, 절대 혼자서 할 수 없는 직업이다. 파일럿은 2명의 조종사끼리, 그리고 객실승무원, 항공정비사, 관제사, 운항관리사와 긴밀하게 협력하고, 소통하고, 때로는 뭔가를 요청하면서 끊임없는 팀워크를 발휘해야 한다. 그래서 직장 혹은 단체생활의 경험은 분명 팀원 간 소통을 더 원활하게 하고, 팀워크를 더 잘할 수 있도록 도움을 줄 것이다.

Q&A

파일럿이 되려면
유학이 꼭 필요한가요?

파일럿이 되기 위해 유학이 꼭 필요하진 않지만, 도움이 된다고 할 수 있다. 어학 능력 향상뿐만 아니라 외국 경험을 통해 처음 만나는 사람들과 잘 소통하고, 다른 문화를 이해하고 적응하는 데 수월하게 작용한다.

그러나 단순히 영어 실력만을 위해 유학을 선택하는 것이라면 다시 생각해 봐야 한다. 본인의 노력만 있다면 한국에서만 공부해도 충분히 가능하기 때문이다. 외국 유학 없이도 영어를 모국어처럼 사용하는 사람들도 많다.

어학 외에 다른 여러 가지 목적을 갖는다면 파일럿이 되는 데 있어서 좋은 밑거름이 될 것이다. 에어라인 조종사는 전 세계를 무대로 비행하기 때문에 다른 나라의 문화에 빨리 적응해야 할 때가 많다. 또 외국에서 체류하는 동안 무엇보다 안전하고 건강하게 지내는 것이 가장 중요하다. 이러한 측면에서 외국 경험이 많은 것과 그렇지 않은 것은 큰 차이가 있다.

예를 들면, 한국 사람들은 대화할 때 상대방의 눈을 똑바로 보는 것을 도전적이라고 생각해 시선을 피하지만, 미국 사람들은 눈을 마주 보며 이야기하지 않으면 무언가 숨

기거나 거짓말을 한다고 받아들인다.

태국에서는 길을 가다가 불상이나 국왕 사진을 손가락으로 가리키는 것을 모욕의 의미로 받아들일 수 있으며 베트남, 유럽 등의 나라에서는 핸드폰을 길거리에서 꺼내거나 지갑의 현금을 세는 등의 행위는 소매치기를 부르는 것과 같다.

총기가 허용된 나라에서 도심이나 번화가가 아닌 골목길을 혼자 다니는 것은 위험하며, 특히 미국에는 해가 진 후에 가면 위험한 지역이 많아서 안전한 지역이 어디인지 미리 확인하고 동선을 짜는 것이 안전하다.

이렇게 외국에서 조심해야 할 사항을 유학을 통해 미리 경험할 수 있다. 다른 나라의 문화는 하루 이틀 안에 익힐 수 있는 것이 아니라서, 유학은 슬기로운 해외 체류를 하는 데 좋은 수단이 되어 주기도 한다.

준비가 끝났다면
실전이다

만약 여러분이 항공사 인사담당자라고 상상해 보자. 어떤 사람을 뽑고 싶을까? 입장을 바꿔 생각해 보면 그들이 원하는 인재상을 쉽게 알 수 있을 것이다. 이번 장에서는 파일럿이 되기 위한 자기소개서 작성법, 면접 요령 등 항공사에 취업하기 위해 준비하고 생각해야 할 것들에 대해 다루고자 한다.

파일럿을 꿈꾸는 사람들은 취업에 앞서 앞으로 조종사 수요와 채용 전망을 객관적으로 분석하고 판단할 수 있어야 한다. 본인이 취업을 위해 필요한 자격증을 모두 준비하고 항공사에 지원하는 시점에서 경쟁률은 어느 정도 될지, 준비하면서 스스로 얼마만큼의 시간 동안 경제적으로 버틸 수 있을지를 고려해야 한다는 것이다. 누구에게나 꿈을 꾸고 그 꿈을 향해서 전진할 권리는 있지만, 최소한 얼마만큼의 노력과 비용과 시간을 투자해야 하는지를 알고 시작해야 위험을 줄일 수 있다.

사실 2019년까지는 항공사에 신규 부기장으로 지원하면 비행경력이 없는 같은 스펙의 경쟁자와 경쟁하면 됐다. 하지만 이제는 경력자들과 경쟁하며 서류심사, 면접, 비행 등을 평가받게 됐다.

나는 새로운 항공사들이 많이 생겨나던, 항공산업 황금기인 2010년에 에어라인 조종사 생활을 시작했다. 많은 행운과 우연이 겹쳐서 파일럿이 될 수 있었다고 생각한다. 이처럼 운도 매우 중요하게 작용하는데, 오늘날은 코로나19 바이러스로 인해 파일럿이 된다는 것은 이전 그 어느 때보다도 힘든 상황이 되었다. 파일럿을 준비한다면 이런 현실을 제대로 인식하고 판단해야 할 것이다.

Q & A

자기소개서
어떻게 써야 하나요?

서류심사는 자기소개서에서 판가름이 난다고 할 수 있다. 그래서 자기소개서를 잘 써야 하는데, 지원자의 입장에서가 아니라 서류심사관이 관심이 있을 만한 내용을 쓰는 것이 중요하다.

나는 자기소개서를 잘 쓰기 위해 글쓰기 카페에 수시로 들어가 정보를 얻었고 관련 책을 보거나 강좌를 듣기도 했다. 그렇게 정보를 종합한 결과, 자기소개서에서 가장 중요한 포인트는 서두가 길면 안 된다는 것이다. 이미 서류심사관들은 비슷비슷한 자소서를 수백, 수천 개를 읽느라 너무 지쳐 있다. 담당자가 자기소개서를 읽다가 포기하지 않도록 서두를 짧고 임팩트 있게 써야 한다.

비슷비슷한 자소서를 예로 들면 "저는 1남 2녀 중 둘째로 태어나 성실한 부모님과…"와 같이 시작되는 거다. 파일럿이 되기 위해 무엇을 준비했는지 전혀 표현되지 않은 글이다. 형식적인 느낌이 강하게 들고, 말하고 싶은 알맹이가 무엇인지 도통 알 수 없다.

이제부터라도 자소서의 첫 문장부터 본론을 제시해야 하고, 본인이 왜 이 항공사에 파일럿으로 채용되어야만 하는지 강조해야 한다.

예를 들면, "저는 침착하고 성실한 지원자입니다. 비행하는 시간이 제 인생에서 가장 집중력을 발휘하는 시간이었습니다. 또 각종 항공기 결함이나 R-TO, 악기상으로 인한 Go-around 등을 겪으며 내공을 쌓아 왔습니다. 이런 경험 속에서 예기치 않았던 상황에 부딪히더라도 더 침착하게 임해야 한다는 교훈을 배웠습니다…"라고 파일럿으로서의 장점을 어필할 수 있다.

Q&A

면접에서 주의해야
할 점이 있나요?

서류심사에서 통과했다면 이제 면접심사가 이뤄진다. 면접에 대한 준비는 머리끝부터 발끝까지 해야 한다. 가장 강조하고 싶은 것은 태도와 복장이다. 지원자가 면접장에 들어가는 순간부터 면접관들의 평가가 시작되는 걸 명심해야 한다. 걸어 들어가는 걸음걸이, 의자에 앉는 태도, 같이 면접을 보는 조원들과 잘 맞춰서 인사를 하는지, 당황스러운 질문을 받거나 모르는 내용을 질문 받았을 땐 어떻게 대처하는지 등 지원자의 태도에 따라서 합격의 여부가 달라진다.

면접관들은 면접 복장에 대한 정확한 기준이 있다. 복장은 무조건 보수적으로 입어야 한다. 여기서 보수적이라는 말은 다소 나이가 들어 보이는 스타일을 말한다. 넥타이는 그 회사를 상징하는 색을 추천한다. 지원하는 항공사의 비행기 도색 색상으로 고른다면 면접관들에게 좋은 인상을 줄 수 있을 것이다.

구두는 옥스퍼드 스타일로 신자. 옥스퍼드 스타일의 구두를 신을 경우 구두 밑창이 지면과 붙어 있게 된다. 요즘 젊은 감성의 구두 디자인은 구두 앞쪽이 들린 경우가 많은데, 앉아서 진행되는 면접에서 구두 밑창을 보이면 자칫 좋지 못한 인상을 줄 수 있다. 구두 앞쪽이 들린 디자인이 몸에도 좋다고는 하지만, 면접 점수는 가장 낮게 받게 된다는 걸 명심하자.

새 구두에 익숙하지 않아 걸음걸이가 어색하다면 면접장에 걸어 들어갈 때 감점 요인이 될 수 있으니 어색하지 않을 때까지 많이 걸어보는 것도 좋은 방법이다. 정장의 색상은 검정이나 네이비 색상이 가장 무난하며, 슬림핏의 디자인은 피해야 한다.

헤어스타일도 중요한 요소이다. 나의 경우에는 항공사 면접을 준비하면서, 각종 뉴스와 항공사 광고 등에 나온 조종사의 헤어스타일 이미지들을 출력해서 미용실에 가져가 사진과 똑같은 머리를 했다.

한 가지 조언을 덧붙이자면, 나는 항공사 면접에서 여러 번 떨어진 경험이 있다. 그럴 때마다 다음 면접을 잘 보기 위해서 가족들과 비디오를 찍었다. 면접장에 들어가는 순간부터 앉아서 대답하는 것까지 모두 녹화했다. 이후 영상을 계속 돌려 보며 스스로 부족한 부분이 무엇인지 문제점을 찾아냈다. 실제이건 가상면접이건 간에 많이 경험해 본 사람이 더 잘할 수 있다고 생각한다.

Q & A

취업 노하우가 있나요?

면접을 보기 전엔 관련 카페를 많이 참고했다. 카페에는 이전 파일럿 시험에 지원했던 지원자들이 올려놓은 면접 후기나 실제 면접장에서 받은 여러 가지 질문을 볼 수 있어 유용하다. 이를 참고하여 나만의 대답을 적었다. 또 비디오로 녹화하면서 가상면접을 진행했고, 영상을 보면서 시선이나 대답을 수정해 갔다.

왜 파일럿이 되고 싶은지, 왜 이 항공사에 지원했는지, 까다롭고 잔소리 심한 기장님과 비행할 때는 어떻게 대처할 것인지, 자신을 채용해야 하는 이유가 무엇인지, 파일럿으로서 앞으로 건강관리는 어떻게 할 것인지, 이번 면접에서 떨어지면 내년에도 다시 도전할 것인지 등 충분히 면접에서 나올 수 있는 질문에 대해서 스스로 질문해 보고, 미리 대답을 정리해 볼 필요가 있다.

또한, 파일럿은 반드시 목적지 공항으로만 가지 않는다는 것을 명심하자. 교체공항을 정하고 비행을 시작하는 것처럼, 모든 어려운 질문에 바로 대답하기보다는 더 현명한 해결방법은 없는지, 다른 시각으로 접근할 수 있는지 등 조금만 더 생각해 보면 좋을 것이다. 질문을 받고 "30초만 생각할 시간을 주시겠습니까?"라고 정중하게 요청하는 것도 좋은 방법인데, 이런 요청을 한다면 면접관들에게 더 신중하고 여유 있는 인상을 줄 수 있을 것이다.

무엇보다 나는 면접에서 '진정성 있는 태도'가 취업의 성패를 결정짓는다는 것을 몸소 경험했다. 내가 처음 합격했던 항공사의 면접에서 당시 면접관님이 이번에 탈락하면 무엇을 할 것인지 물었다. 그때, 내가 했던 대답은 다음과 같다.

"만약 탈락하게 된다면 내년에 이 자리에서 면접관님을 다시 뵙게 될 것 같습니다."

도전해서 혹시 중간에 탈락하고, 실패하게 되더라도 포기하지 않는 한은 아직 희망은 있다. 그런 자기 자신에 대한 확신과 기대가 있어야 한다. 무엇보다 파일럿이 왜 하고 싶은지 확실한 이유와 간절함은 물론, 꿈을 이루기 위한 쉬지 않는 노력과 끈기가 뒷받침되어야 할 것이다. 이 경우 분명 면접에서 빛을 발할 것이다.

Q & A

제2외국어도
준비해야 하나요?

비영어권 국가에 지원한다면 제2외국어는 준비하지 않아도 된다. 물론 제2외국어를 유창하게 할 수 있다면 면접관에게 좋은 인상을 줄 수도 있겠지만, 서투른 제2외국어로 인사말 정도만 준비했다가는 오히려 감점 요인이 될 것이다.

나는 태국 항공사에서 근무하고 있지만, 파일럿의 직무 특성상 영어로만 소통하고 있다. 비행하는 데 영어가 공통어로 정해져 있어 어느 나라에서 비행하건 전혀 어려움을 느끼지 않고 있다. 또 중동, 중국, 일본, 터키 등에 근무하는 한국인 기장님들에게 물어보니, 대부분 외국에서 일하는 에어라인 조종사들은 제2외국어를 배우지 않고, 영어로만 의사소통하는 편이다.

제2외국어를 잘해서 손해 볼 건 없지만, 우선순위를 따져본다면 영어가 완벽한 다음에 시간이 남으면 제2외국어를 하는 것이 좋겠다. 만약 영어가 부족하다면 제2외국어가 아니라 당연히 영어부터 마스터하는 쪽이 현명한 선택이다.

개인적인 생각으로 모든 사람들은 시간과 에너지가 한정되어 있기 때문에 일이나 공부에 있어서 '선택과 집중'을 해야 한다. 영어가 최우선이고 영어가 완벽해진 후 항공상식이나 기타 조종사가 알아야 할 항공법, 비행기 시스템 등을 공부하고 연구하는 데 시간과 에너지를 쏟는 것이 파일럿을 하는 데 도움이 될 것이다. 제2외국어는 모두 마무리한 후 여유가 생기면 해도 좋은 일 중의 하나라고 할 수 있다.

결론적으로 제2외국어를 배워서 나쁠 건 없지만, 입사지원과 전형과정에서 큰 가산 점이나 유리한 점은 없다고 보아도 무방하겠다. 이 의견은 단지 나 혼자만의 의견이 아니라 외국에서 근무하는 한국 기장님들과의 대화를 통해서 확인한 사항이기 때문에 보편적인 의견이라고 할 수 있다.

Q & A

영어를 잘해야 하나요?

영어를 잘해야 하느냐고 묻는다면 "Yes!"라고 하겠다. 비행 및 항공기에 관련된 매뉴얼이 모두 영어로 되어 있고, 비행 중 교신은 모두 영어로 이뤄지기 때문이다. 또한, 어떤 특정 항공사는 시뮬레이터 교관으로 외국인을 두기도 한다. 이러한 이유만 해도 기본적으로 영어를 구사하는 업무 환경임은 분명하다.

세계적으로 항공용어는 '영어'로 정해져 있다. 중국, 유럽, 러시아도 각자의 언어가 있음에도 불구하고 항공용어로 영어를 사용한다. 파일럿이 사용하는 모든 절차, 용어, 규정, 항공기 사용설명서, 정비용어들 모두가 영어이기 때문에 영어를 잘해야 한다.

사실 파일럿이 영어를 정말 잘해야 하는 이유는 '비대면 영어'를 하기 때문이다. 하물며 우리가 외국인들과 대화할 때 모르는 단어가 있으면 보디랭귀지 또는 리액션으로 이해할 수 있는데, 조종사들은 그럴 수 없다. 무전기나 인터폰으로 관제사나 정비사, 객실승무원들과 음성으로만 대화를 하기 때문에 영어를 잘하지 않으면 이해하기 힘들다. 무전기의 통화 음질도 우리가 사용하는 휴대전화와 비교해 많이 떨어지기 때문에 더 힘든 부분이 있다. 그리고 파일럿이 영어를 잘못 알아들어서 고도와 비행기 방향을 잘못 조작했다고 상상해 보면, 파일럿이 얼마큼 영어를 잘해야 하는지 이해할 수 있을 것이다.

무엇보다 파일럿의 영어 능력에 대한 국제적인 기준이 정해져 있다. 국제민간항공기구
(ICAO)의 권고로 인해 우리나라는 두 나라 이상을 운항하는 항공기 조종사의 경우
항공영어구술능력을 평가받게 되어 있다(항공안전법 제45조). 평가에 따라 등급을
발급하며 등급별 유효기간도 정해져 있다.

등급은 최고 6등급에서 최하 1등급까지 구성되어 있다. 최소 4등급 이상이어야 국제
선 비행업무에 종사할 수 있다. 최고 등급인 6등급의 유효기간은 영구이며, 5등급은 6
년, 4등급은 3년이다. 자세한 내용은 한국교통안전공단 홈페이지 '항공영어구술능력
증명' 카테고리에서 확인할 수 있다.

항공사
살펴보기

내가 파일럿을 처음 꿈꾸었던 1997년에는 대한민국에는 대한항공과 아시아나항공 2개의 메이저 항공사만이 존재했다. 하지만 지금은 제주항공, 진에어, 에어부산, 에어서울, 티웨이, 플라이강원, 하이에어 등의 저비용 항공사들이 많이 생겨났다. 세계적으로는 에어아시아, 사우스웨스트 항공, 프론티어 항공, 에어트랜, 제트블루 항공, 버진 아메리카, 이지젯, 제트스타 항공, 버진 오스트레일리아, 비엣젯 항공 등의 큰 규모의 저비용 항공사들이 활발히 운항 중이다.

항공사가 많아진 만큼 파일럿이 될 수 있는 확률이 높아졌고, 승객들은 더 저렴한 가격의 항공권을 찾을 수 있게 되어 이전보다 더 많은 사람들이 부담 없이 항공여행을 갈 수 있는 세상이 도래했다.

하지만 2020년에 들어서자 상황은 완전히 바뀌었다. 우리의 현실은 코로나19로 인해 많은 나라의 국경이 봉쇄됐다. 갈 수 있더라도 다녀온 직후 2주간 격리를 해야 하기 때문에 직장에서의 출장이나 가족을 만나는 경우가 아니면 항공여행을 하기 힘들어졌다.

결국, 항공사들은 기내에서의 위생과 사회적 거리 유지 등을 보장해야 하는 숙제를 받게 되었다. 이전보다 승객은 줄었는데 위생을 위한 헤파 필터(미세한 입자를 걸러낼 수 있는 고성능 필터) 설치, 좌석 간 거리 유지 등으로 항공사의 투자비용은 증가하게 됐다. 이로 인해 파일럿의 복지와 연봉도 축소될 수밖에 없다. 이는 2022년대 초반은 되어야 회복이 될 것으로 보인다.

인류가 팬데믹을 완전히 극복해 국가들이 질병을 단시일 내에 통제하고 관리할 수 있는 세상이 빨리 와서 이전처럼 모두가 자유롭게 항공여행을 할 수 있는 날이 돌아오기를 희망하고 꿈꾸며, 한국 항공사와 외국 항공사들에 대해서 계속 살펴보도록 하자.

Q & A

한국 항공사에서 근무할 때의 장단점은 무엇인가요?

한국 항공사에서 근무하며 느꼈던 장점은 어렵고 애매한 일이 있을 때 의논하고 위로도 해줄 선배와 동료들이 많다는 점과 정규직 신분으로 대한민국 노동법의 보호를 받기 때문에 고용 안정성이 보장된다는 점, 그리고 가족들과 친구들을 자주 만날 수 있다는 점 등이 있다.

특히 대한민국 항공사들의 안전기준은 세계적으로도 인정받을 정도로 높고 잘 갖춰져 있다. 아나나 다를까, 실제 외국 항공사에 근무하면서 가장 많이 듣는 말이 "한국 파일럿들은 항공지식이 풍부해서 최악의 날씨에도 신뢰할 수 있다."라는 것이다. 그 이유는 항공사 기준과 안전제도가 잘 조직되어 있으며, 조종사 훈련이 친절하고 자세히 그리고 때로는 엄격하게 진행되기 때문이다.

한국 항공사의 높은 안전기준과 잘 조직된 회사규정과 훈련으로 한국 파일럿들은 많은 부분에서 보호받는다고 할 수 있다. 그래서 대한민국의 항공사에서 일할 때는 '절차대로, 규정대로'만 하면 안전하게 비행할 수 있는데, 외국에서는 절차와 규정이 확립되지 않거나 정리가 안 된 경우가 많아서 개인적으로 비행기 매뉴얼이나 다른 항공사의 사례 등을 찾아서 따로 준비해야 하는 번거로움이 있었다.

반면, 한국 항공사에 근무할 때의 단점은 외국 항공사보다 업무 강도가 높고, 성수기에는 휴일이 적으며, 같은 비행시간을 근무했을 때에 외국 항공사와 비교해 연봉이 적다는 점이다. 또 자녀들을 생각한다면 한국에 있는 것보다 외국에서 근무하는 것이 더 다양한 교육환경과 기회를 제공할 수 있기 때문에 자녀교육도 한국 항공사에서 근무할 때의 단점이라고 할 수 있다.

Q & A

외국 항공사에서 근무할 때의
장단점은 무엇인가요?

한국 항공사에서 근무할 때의 장점이 외국 항공사에서 근무할 때의 단점이 될 것이고, 반대로 한국 항공사에서 근무할 때의 단점이 외국 항공사에서 근무할 때의 장점이라고 할 수 있다.

외국 항공사의 장점을 정리하자면 다음과 같다. 첫째, 연봉이 높다. 한국 항공사와 같은 비행시간을 운항했을 때 비교적 연봉이 높다. 연봉이 높아지면 가족과 더욱 풍족하게 살 수 있고, 자녀에게도 더 다양한 교육의 기회를 제공할 수 있게 된다.

둘째, 근무 패턴을 정할 수 있다. 한국 항공사에서는 비행하는 날과 쉬는 날을 조종사가 정할 수 없다. 1년 동안 쓸 수 있는 휴가 제도인 연차를 사용해야만 다음 달 쉬는 날을 확보할 수 있다.

외국 항공사는 입사할 때 또는 지원하는 단계에서 근무 패턴을 정할 수 있는데, 4주를 비행하고 2주 동안 쉬거나, 2주 동안 비행하고 1주를 쉬는 등 자신이 원하는 근무 패턴으로 정할 수 있다. 4주를 비행한다 해도 5일 연속으로 비행하면 1일은 법적으로 쉬어야 해서, 비성수기에는 더 많은 휴일을 가질 수 있다. 정기적으로 연속해서 쉬게 되면 외국에 근무해도 한국에서 가족들과 함께 시간을 보낼 수 있다.

셋째, 계절 수가 적은 나라에서 생활할 경우 생활비가 비교적 절약된다. 대부분의 더운 나라들은 계절 변화가 적고, 날씨가 1년 내내 덥기 때문에 다양한 계절의 옷이 필요하지 않다. 그래서 사계절이 있는 대한민국과 비교해서 생활비가 적게 드는 편이다.

반대로 외국 항공사의 단점은 무엇일까. 첫째, 외국 항공사는 대부분 계약직이라는 점이다. 계약 기간이 끝나면 재계약을 신청하거나 다른 항공사를 알아봐야 하며, 세계

항공산업에 불황이 올 경우 첫 번째 정리해고 대상이 될 가능성이 높다. 이 때문에 외국 항공사에서 일할 경우 고용 안정성이 매우 떨어진다고 할 수 있겠다.

둘째, 가족들이 외국에서 생활하는 데 어려움이 많다. 한국처럼 의료보험이 잘 되어 있는 나라가 많지 않아서 만약 회사에서 가족건강보험을 보장해 주지 않으면 의료비가 큰 부담이 될 수 있고, 병원을 가도 말이 잘 통하지 않는 경우가 많다. 이 밖에도 한국과는 다른 법률, 문화, 치안 등 잘 몰라서 받는 불이익을 겪을 수 있다.

예를 들어, 중동에서 근무하면 가족들과 1년 내내 사막에서 살아야 하고, 어떤 나라에서 살면 폭설, 어떤 나라에서 살면 굉장히 비싼 대중교통비, 어떤 나라에서 살면 낯선 종교나 문화 등으로 어려움을 겪을 수 있다. "집 떠나면 고생이다."라는 말이 있듯이 건강보험, 인터넷 개설, 세금 납부, 아파트 계약 등 한국에서는 간편하게 처리할 수 있는 많은 일이 외국에서는 어렵고 번거롭다.

결론적으로 한국 항공사에서 일하는 것은 외국 항공사에서 일하는 것보다 직업의 안정성이 있으며, 시장이 나빠질 경우에도 항공사와 파일럿이 일정 기간 보호받을 수 있다. 반면, 외국 항공사는 고용을 보장받지 못하는 대신 좋은 연봉과 복지 혜택을 누릴 수 있다.

Q & A

한국과 외국의
취업 절차가 많이 다른가요?

취업 절차는 내가 부기장으로 지원하느냐, 기장으로 지원하느냐에 따라 다르고, 어느 국가에 지원하느냐에 따라서도 다르다.

부기장으로 한국 항공사에 지원할 경우, 외국에 지원할 때보다 더 많은 절차가 있다. 서류전형, 필기시험, 1차 면접, 시뮬레이터 비행평가, 2차 면접은 공통 절차이고 특정 항공사에서는 자체 신체검사, 적성검사 등을 진행한다.

반면, 부기장으로 외국 항공사에 지원할 경우에는 면접, 시뮬레이터 비행평가를 공통으로 진행하고 중국 등의 특정 국가에서만 필기시험, 신체검사, 해당 국가항공법 시험 등을 진행한다.

만약 기장으로 국내 항공사에 지원하는 경우에는 지원서를 제출하고, 면접, 시뮬레이터 비행평가만으로 절차가 끝나는 경우가 많다. 그러나 특정 항공사에서는 자체 신체검사, 적성검사 등을 하기도 한다.

기장으로 외국 항공사에 지원하는 경우는 나라별로 차이가 있다. 태국의 경우 내가 입사했을 때는 인사팀에 직접 이메일로 지원서를 접수하고, 면접, 시뮬레이터 비행평가만 받으면 됐지만, 현재는 필기시험이 추가되었다고 한다.

중국은 한국에서는 진행하지 않는 경동맥, MRI 등의 자체 정밀신체검사(40세 이상의 조종사인 경우), 중국항공법 시험을 통과해야 한다. 이 단계를 통과해야 시뮬레이터 평가와 면접을 볼 수 있다. 특히 시뮬레이터 평가는 다른 나라보다 어렵게 시행되는 것으로 유명하다.

일본의 경우에는 대부분 면접과 시뮬레이터 비행평가만으로 파일럿을 선발하는데, 선발 후에 회사 지정병원에서 신체검사를 받게 된다. 훈련 기간이 세계적으로 가장 길며, 까다롭다고 한다. 그래서 훈련과 심사 중 도태율이 가장 높은 것으로 알려져 있다.

따라서 파일럿의 취업 절차는 기장인지 부기장인지에 따라 달라지며, 한국과 외국으로 구분하기보다는 국가별로 차이점이 있다고 봐야겠다.

한편, 외국 항공사로 해외취업을 희망할 경우 에이전시에서 도움을 받는 방법도 있다. 사례비를 주고 파일럿 취업의 정보를 얻는 것이다. 파일럿에 지원하고 시험을 보는 일련의 과정에서 도움을 받을 수 있다. 구글 등 포털사이트에 'pilot agency'를 검색하면 다수의 조종사 에이전시를 찾을 수 있다. 파일럿의 해외 취업을 잘 도와주는 에이전시

도 있고, 협조나 질문에 답이 늦는 곳도 있다. 동남아 항공사 중에는 신규 부기장 훈련

비를 자기 부담으로 하는 곳도 있기 때문에 에이전시도 항공사 계약조건도 꼼꼼히 미

리 알아보고 지원해야 한다.

한국 항공사와
외국 항공사의 비교 및 차이점

나는 한국과 태국 항공사에서만 근무해 보았지만, 유튜브 채널을 운영하면서 중국, 일본, 중동 등 각 나라에서 근무하는 한국의 기장님들과 인터뷰를 해보았다. 당시 그들과 나눴던 내용을 공유해 볼까 한다.

내가 외국 항공사에서 3년간 생활하면서 동료들에게 한국에서 왔다고 하면 한국 파일럿의 기량은 세계적인 수준이라는 말을 수없이 들었다. 한국 항공사는 안전등급이 높고, 비행 교육과 회사규정의 체계가 잘 잡혀 있으며 합리적이기 때문이다.

실제 한국 항공사에서 비행할 때는 비행의 모든 단계에 있어서, 항공법과 회사규정과 제작사 매뉴얼에 따라 생각하고 결정했다. 만약 법과 규정에 언급되지 않은 회색의 영역이나 처음 겪는 상황들은 이전에 있었던 사고와 준사고 사례를 분석한 자료들을 참고하고 연구해서 비행에 적용했다.

이러한 이유로 외국 항공사에서는 한국에서의 파일럿 경험을 한 이들을 많이 채용한다. 또 항공안전등급이 낮은 특정 국가들은 미국, 유럽 등의 나라에 취항할수 없는데, 한국 항공사는 미국, 유럽의 국가들에 규제 없이 취항하고 있다.

반면, 동남아 항공사의 회사규정은 한국보다 절반 이하의 분량이다. 파일럿이 스스로 결정해야 하는 부분이 많으며, 공항설비와 관제사의 관제도 한국에 비해서는 다소 덜 발전된 부분이 많다. 하지만 대한민국 공역보다 비행기의 수가 적어 덜 혼잡하고, 기상현상도 구름과 강수 현상 등의 단조로운 날씨기 때문에 안개 등의 저시정과 눈, 비, 바람 등 모든 기상현상이 있는 한국보다는 비행이 편하고 쉬울수 있다.

중국 항공사에서는 우수한 조종사를 채용하기 위해 세계 최고의 연봉을 제시한다는 것이 눈에 띄는 특징이다. 높은 연봉을 받는 만큼 입사시험도 가장 까다로우며, 입사 후에는 수시로 비행평가와 필기시험을 본다. 또 비행 스케줄이 많이 바뀌고 근무 강도도 높으며, 관제사들이 때때로 중국어로 관제하는 등 여러 가지 애로 사항이 있다.

중동 항공사들은 입사 시 원어민 수준의 영어 실력을 요구하는 경우가 많고, 입사 후에 체계적인 비행교육을 하는 것이 장점이다. 출퇴근 차량 제공, 자녀 학비 지원, 회사 할인항공권 제공, 의료보험과 주거비 지원 등 파격적인 복지 혜택을 제공하기도 한다.

일본 항공사들은 주거비 지원과 자녀 학비 일부 지원 등의 복지 혜택이 좋은 편이다. 하지만 입사시험과 입사 후 회사교육이 어렵고, 특히 교육 기간이 가장 길다. 또 회사규정이 많아 복잡하고, 매뉴얼 간에 연동이 되어 있지 않아서 어렵다. 매뉴얼을 벗어날 수 없는 문화로 인해 더 나은 선택의 여지가 있더라도 규정에 갇히는 일이 있다고 한다. 연봉은 한국과 동남아보다 높지만, 중국보다는 적은 수준이다.

내 꿈을
그려보자

파일럿이 **3** 궁금해요

실전,
파일럿 엿보기

앞서 파일럿의 채용 절차와 외국 항공사와 국내 항공사를 비교해 보았으니, 이제 근무할 때의 복장 규정, 밤샘 비행으로 졸릴 땐 어떻게 하는지 등 실제 파일럿의 삶을 엿보도록 해보자.

사실 파일럿으로 오랫동안 일하면서 당연하다고 생각했던 것들에 대하여 질문을 받을 때면 놀랄 때가 있다. 예를 들면, "비행 중에는 어떻게 휴식을 취하나요?", "화장실은 어떻게 이용하나요?" 등과 같은 질문이다. 비행기에서 계속 생활하다 보니 너무 익숙해져서 당사자들은 아무렇지 않게 생각하기 때문이다. 확실히 현장에서 직접 이 일을 하는 사람들과 항공 분야를 접해 본 적이 없는 이들의 궁금한 부분은 분명 다른 것 같다.

파일럿들에게는 너무나 당연하지만 많은 사람들이 궁금해하는 파일럿의 일상에 대하여 자세하게 설명해 보도록 하겠다.

"조종석 문을 열고 파일럿의 삶을 들여다볼 준비가 되었나요?"

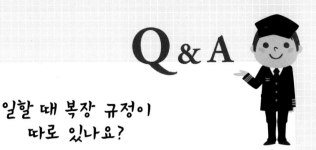

Q&A

일할 때 복장 규정이
따로 있나요?

파일럿의 복장 규정은 굉장히 엄격하다. 근무할 때 유니폼을 정갈하게 차려입는 것은 물론이고, 비행이 없는 날 정기교육이나 서류를 요청하는 등의 이유로 항공사 사무실을 방문할 때에도 복장과 구두, 헤어스타일 등에 신경 써야 한다.

내가 일하는 항공사의 복장 규정에는 '유니폼을 입을 때 반드시 검정색 양말을 신어야 한다.'라는 항목이 있다. 그래서 비행할 때는 회색, 하얀색의 양말을 신을 수 없다. 전 직장에서 즐겨 신던 남색 양말도 현재 회사에서는 규정의 차이로 인해 쉬는 날만 신을 수 있다.

항공사에 따라 파일럿이 신는 구두의 색상도 달라진다. 내가 이전에 일하던 항공사에서는 갈색 구두를 신어도 됐지만, 지금 일하는 곳에서는 금지하고 있어 2년 넘게 검정색 구두만 신고 출근하고 있다.

또한, 파일럿은 헤어스타일도 단정하게 유지해야 한다. 단정하다는 말이 모호하지만, 내가 일하는 항공사의 규정에서 금지하는 용모를 예로 들면 다음과 같다.

먼저 파일럿은 염색, 비대칭 머리카락 길이, 머리 옆쪽에 패턴을 만드는 등의 스타일을 할 수 없다. 한국 항공사에서는 수염을 기를 수 없고(한국, 중국, 일본을 제외한 나라의 항공사에서는 수염을 깔끔하게 유지할 경우 허용된다), 사복을 입고 회사를 방문할 때도 찢어진 바지, 청바지, 원색의 바지 등은 허용되지 않는다.

이 외에도 문신도 허용되지 않기 때문에 패션의 자유를 원하는 사람은 꽤 실망할 만한 직업이다.

Q & A

밤샘 비행으로
졸릴 땐 어떡해요?

비행 중 잠이 들어버릴 경우 정말 위험한 상황이 생길 수 있어 파일럿들은 여러 방법을 동원해 잠을 떨쳐 내고 있다. 경력이 많은 파일럿들에겐 잠을 깨게 하는 여러 가지 노하우들이 있는데, 몇 가지 소개해 볼까 한다.

첫째, 수분 보충 미스트를 얼굴에 분사한다. 조종석이 굉장히 건조한 탓에 파일럿들은 미스트를 자주 뿌린다. 자칫 조종석에 있는 여러 기계와 스위치는 방수가 되지 않아 위험할 수 있다고 생각할 수 있지만, 스프레이로 된 수분 미스트는 안전하다. 또 미스트를 얼굴에 뿌리는 순간 그 차가움에 잠도 깨고 피부에 수분도 공급하는 일석이조의 효과가 있다.

둘째, 비상식량을 이용한다. 일반적으로 잠을 깨기 위해 과자, 껌, 사탕, 쥐포, 땅콩 등 여러 가지 간식들을 준비하는데, 그중 가장 효과가 있는 아이템은 와사비 맛 땅콩과 치약 맛 껌이라고 생각한다. 사실 입맛에 맞는 간식은 아니지만, 승객과 비행기의 안전을 위해서 참고 먹는다. 이 두 간식의 추가 장점은 비행이 끝나고 무슨 식사를 하든 정말 맛있게 느껴진다는 것이다.

셋째, 물에 녹는 발포 비타민C를 섭취한다. 생수에 알약 모양으로 된 발포 비타민C를 넣어주면 물이 환타 음료수의 맛으로 변하고, 톡 쏘는 탄산수가 된다. 일반 탄산음료보다 몸에도 좋고, 몇십 분간 상쾌한 기분을 유지할 수 있다.

넷째, 비행계획서를 해부한다. 비행계획서에 수많은 중간 기착 지점들이 있는데 그 지점을 통과하는 시간과 그 지점에서의 남은 연료량, 현재의 관제사 주파수도 모두 적는 것이다. 항로지도를 펼쳐서 비행계획서 처음부터 끝까지 지나가는 지점들을 모두 찾아도 보고, 계획에 있는 항로의 바람 예보랑 실제 얼마큼 차이가 나는지도 적어보며, 목적지 공항 차트도 꼼꼼히 읽어보는 등 스스로 바쁘게 해서 잠에서 깨어나는 것이다.

다섯째, 옆에 있는 조종사와 대화를 시도한다. 비행하다가 졸리면 대부분 파일럿들이 하는 대화의 시작은 이것이다. "이번 달 비행을 몇 시간 나왔어요?" 그런 다음 대화의 소재는 이번 달에 어느 나라, 어느 공항을 가는지 비행 스케줄과 관련된 이야기를 하고, 요즘 회사 이야기도 한다. 어디서 살고 있는지, 서로의 가족들도 소개도 하고, 자녀가 있는 사람들끼리는 교육 이야기도 공유한다. 또 날씨 이야기도 하고, 외국에서 머물 때 맛집 정보도 교환하는 등 여러 주제의 대화를 통해 잠에서 깨어나고자 한다.

여섯째, 교대로 화장실을 다녀온다. 졸릴 때 잠 깨는 가장 좋은 방법은 뭐니 뭐니 해도 찬물로 세수하는 것이다. 세수한 뒤에는 조종석 뒤 공간에서 가볍게 스트레칭도 하며 잠에서 깨어본다.

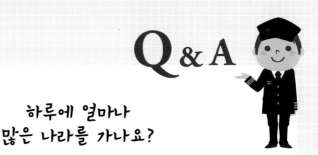

Q&A

하루에 얼마나 많은 나라를 가나요?

일반적으로 에어라인 파일럿은 하루에 두 나라를 간다. 내가 해보았던 비행을 예로 들면 '인천 → 후쿠오카 → 인천 → 오사카 → 인천'으로 끝나는 비행이 있었고, 또 다른 날에는 '김포 → 나고야 → 김포 → 제주 → 김포'로 끝나기도 했다. 다소 복잡한 비행이지만 대한민국에서 일본으로, 대한민국에서 중국으로 방문하는 등 최대 두 나라에 방문하는 것을 알 수 있다.

반면, 화물기 조종사들은 하루 동안 더 많은 나라에 갈 수 있다. 예를 들어 설명하면 인천공항에서 화물을 적재하고, 중국 청도를 거쳐서 일본 도쿄 나리타공항에 착륙해 하루 쉬고, 러시아를 거쳐 다시 한국에 돌아오는 식이다.

그리고 항공사에 새로 도입되는 소형여객기를 가져올 때도 더 많은 나라를 갈 수 있다. 200인승 미만의 소형여객기는 항속거리(연료를 가득 채우고 그 비행기가 한 번에 갈 수 있는 최대거리)가 길지 않기 때문에 만약 미국에서 가져올 경우 한국까지 오는 동안 중간중간 여러 공항에 착륙해서 재급유를 하게 된다. 이런 경우 하루 동안 3~4개의 나라를 거쳐서 올 수도 있다.

또 대기업 소유의 비즈니스 제트기 조종사의 경우도 하루 동안 두 개 이상의 나라를 거쳐서 비행할 수도 있다.

Q&A

비행 중 쉬는 시간도 있나요?

국내선 비행이나 가까운 국제선 비행 중에는 쉬는 시간이 없지만, 8시간 이상 비행을 하는 국제선의 경우는 대체 파일럿이 승객석에 앉아 있다가 중간에 교대로 비행을 하게 된다. 이렇게 승객석에서 휴식을 취하는 승무원들을 'Deadhead Crew'라고 부른다.

또 국가별로 파일럿이 하루에 비행할 수 있는 제한시간이 다른데, 대한민국은 한 조종사가 8시간 이상 비행할 수 없기 때문이다. 이러한 이유로 8시간이 넘는 비행구간인 경우에는 다음 조종사로 교체해야 한다. 반면, 태국 등의 동남아 나라에서는 1명의 조종사가 하루에 더 많은 시간을 비행할 수도 있어 공식적으로 쉬는 시간은 다르다.

국가별로 항공법에서 정하는 하루 최대 비행시간 미만의 비행구간일 경우 쉬는 시간이 따로 없다. 파일럿이 비행 중간에 쉴 수 없는 이유는 비행하면서 난기류로 자동조종장치가 갑자기 수동조작으로 바뀌기도 하고, 수시로 관제사가 비행기 항로를 변경하는 등 예상하지 못한 상황이 수시로 발생하기 때문이다. 그래서 대체 파일럿이 없다면 쉰다는 것은 어려운 현실이다.

이 경우 조종석에서 자리를 지킨 채로 모든 상황에 대비하고 있어야 해서 긴장의 끈을 놓을 수 없는 상태이긴 하지만, 다행인 점은 세상에서 가장 멋진 하늘 풍경을 계속 볼 수 있다는 것이다. 하늘과 구름을 바라보고 있으면 때로는 그것만으로도 휴식을 취하는 느낌이 든다.

하늘에서
일한다는 것

어느 날 지인들과 식사를 하며 외국에서 본 아름다운 풍경 이야기를 하게 되었다. 어떤 선생님은 이집트 사막에서 가장 아름다운 밤하늘을 보았다고 이야기했고, 또 다른 분은 말레이시아에서 차를 운전하며 본 큰 별들이 가장 기억에 남는다고 했다. 나는 이야기를 듣고 잠시 망설이다가 "조종석 안에서 내려다보는 별들과 하늘만큼 크고 아름다운 건 없어요."라고 말했다.

'파일럿의 특권'이라고 말하기에는 너무 거창할 수도 있지만, 하늘에서 일하는 것이 특별하다는 것은 부정할 수 없다. 일반적으로 사무실이 하늘에 있지 않으니까 말이다. 무엇보다 조종석에 앉지 않고서는 절대 볼 수 없는 경이롭고 장엄한 풍경들을 매일 볼 수 있다.

사람들이 비행기 조종을 배우는 가장 큰 이유는 높은 곳에 올라가 멋진 세상을 내려다볼 수 있어서가 아닐까 싶다. 또 지상에서 겪는 답답하고 복잡한 것들이 높은 곳에서는 정말 작게 보이거나 보이지 않게 되면서 잠깐이나마 현실에서 벗어날 수 있는 점 때문일 것이다.

이번 장에서는 파일럿이 하늘에서 일하며 보았던 가장 아름다웠던 순간, 하늘에서 일하며 겪었던 일, 비행할 때 어떤 짐을 싸는지, 아플 땐 어떻게 대처하고 화장실은 어떻게 가는지 등에 대해 이야기하고자 한다.

Q & A

비행할 때 어떤 짐을 싸나요?

파일럿은 직업 특성상 짐을 자주 싼다. 비행을 위해 꼭 필요한 것은 무엇이고, 호텔 체류를 하며 꼭 챙기는 짐은 무엇인지 나누어 설명해 보겠다.

먼저, 비행에 꼭 필요한 것은 각종 자격증(조종사 자격증, 항공무선기사 자격증 등), 항공신체검사 증명서, 최근 시뮬레이터 결과지, 비행로그북(비행 목적지, 시간, 날짜를 적는 노트), 회사 신분증, 여권(국제선인 경우 필요), 외부 점검용 손전등, 헤드셋 등이 있다.

각종 자격증과 신분증, 교육 결과지, 비행로그북의 경우는 각 국가의 교통부 심사관이 불시에 점검하기 때문에 비행 전에 기장과 부기장이 필수로 확인해야 한다. 또 회사 신분증이 없으면 공항검색대를 통과할 수 없으며, 손전등은 여분의 배터리와 함께 소지해야 한다.

만약, 항공신체검사 증명서 비고란에 조종사가 안경을 쓰는 것이 필수사항으로 표기되어 있으면 2개의 안경을 소지해야 한다(과거 안경 1개가 손상되어 문제가 되었던 사례가 있었다. 만일에 대비하기 위해 추가 안경이 필요하다).

헤드셋은 관제사와 교신할 때 사용하는 헤드폰과 마이크가 같이 장착된 장비를 말하며, TSO(Technical Standard Orders Authorization)인증을 받은 제품을 사용해야 한다.

한편, 파일럿은 호텔에서 머무는 날이 많다. 호텔 체류에 필요한 짐들은 편한 일상복, 슬리퍼, 수영복(호텔 안에는 대부분 수영장이 있어 챙기면 유용하다), 선글라스, 우산, 모자, 얇은 재킷, 책 등이 있는데, 영화를 즐겨 보는 파일럿들은 소형 빔프로젝터나 노트북을 가지고 다니는 경우도 있다.

Q & A

비행기에서 날씨가 미치는 영향은 얼마나 되나요?

비행에서의 날씨가 미치는 영향은 어마어마하다. 나의 경우 최근 태풍 몰라베의 영향으로 인해 목적지 공항에 폭풍과 함께 폭우가 쏟아져서 교체공항으로 대피하기도 했다.

이처럼 날씨란 언제 어떻게 변할지 모르기 때문에 한시도 긴장을 늦출 수 없는 존재이다. 바람의 방향에 따라 해당 공항에서 이착륙에 사용하는 활주로 방향이 바뀌기도 하고, 비행기가 향하는 방향으로 바람이 강하게 불면 연료소모량이 증가하기도 하며, 반대로 바람이 비행기가 가는 방향 뒤쪽에서 불어오면 연료소모량은 줄어들게 된다.

또 제트기류의 방향과 같은 방향으로 비행하느냐 반대 방향으로 비행하느냐에 따라서 같은 거리임에도 비행시간은 1시간 이상 차이가 나기도 한다.

바다나 큰 호수 등에 인접한 공항에서는 짙은 안개 때문에, 중국의 공항에서는 미세먼지로 인해 가시거리(수평으로 보이는 육안 시정)가 좋지 않아 회항하기도 한다.

기상현상이란 사람의 능력으로 절대 극복할 수 없는 존재이다. 그렇기에 비행하기 위해 화창한 날씨를 찾고, 나쁜 날씨는 되도록 피하는 것이 비행의 기본이다. 화창하고 바람이 잔잔한 날엔 마치 배가 순풍에 항해하는 것처럼 즐겁고 편한 비행을 할 수 있다.

Q & A

비행기에서 아플 땐
어떻게 하나요?

파일럿이 아플 때는 어떻게 할까? 승객 탑승이 시작되기 전과 후로 나누어서 이야기하면 다음과 같다.

먼저, 승객이 탑승하기 전에 파일럿이 아프다면 공항 터미널에는 의사가 상주하는(규모가 작은 공항의 경우 간호사가 상주하기도 한다) 간이진료소에서 진찰을 받을 수 있다. 문제는 파일럿은 처방받은 약을 함부로 먹을 수 없는 데 있다.

세계 민간항공협회에서 공지한 '민간항공약물에 관한 규정'에 따르면 "파일럿은 진정제, 지사제, 멀미 치료제, 편두통 치료제, 고혈압 치료제, 부정맥 치료제, 천식 치료제, 항히스타민제, 기침 억제제, 당뇨 치료제, 통풍 치료제, 근이완제, 모든 정신계 약물 등은 반드시 항공전문의와 상담 후 섭취가 가능하다."라고 명시되어 있어 항공전문자격을 갖춘 의사가 아닌 일반의사가 처방해준 약을 먹어선 안 된다.

또 다른 문제는 비행기를 대신 조종할 파일럿이 올 때까지 이 비행은 지연될 것이다. 항공사에는 이렇게 갑자기 파일럿이 아플 것에 대비해서 예비로 조종사를 준비시키는데, 앞서 잠깐 언급한 대로 이렇게 자택에서 회사 전화를 기다리며 대기하는 조종사를 '스탠바이 조종사'라고 부른다.

그럼 비행기가 이륙한 후에 파일럿이 아프다면 어떻게 할까? 파일럿이 호흡, 맥박이 정상이며 의식이 있고 목적지까지 비행해도 생명에 지장이 없는 단순 통증이라면 승객 중에 의사나 간호사가 있는지 찾아본다. 의사가 있다면, 진찰을 받고 의사의 결정에 따라 가까운 공항에 비상착륙을 할지, 아니면 목적지 공항까지 갈지를 결정하게 된다. 만약 파일럿이 호흡, 맥박이 비정상이며 의식이 없는 경우에는 가장 가까운 공항에 비상착륙을 해야 한다.

파일럿은 승객의 생명을 책임져야 하기 때문에 시각, 청각, 판단력에 영향을 미칠 만한 약물은 제한된다. 제한된 약물을 복용할 경우 약물 복용 시점에서 약의 효능 지속시간에 5배의 기간이 지난 후 업무에 복귀해야 한다는 규정도 있다.

파일럿이란 직업은 아파도 길게 휴가를 쓰지 않고서는 함부로 약을 먹을 수 없는 특이한 직업이다. 그래서 파일럿들은 평소에 열심히 건강과 컨디션 관리를 하고, 운동도 꾸준히 하며, 음식도 조심해서 먹으면서 자기관리를 멈추지 말아야 한다.

Q & A

비행 중 화장실은
어떻게 가나요?

비행기 안에 파일럿 전용 화장실이 있다고 생각할 수도 있지만, 파일럿들은 승객이 사용하는 화장실을 같이 쓴다. 물론 조종석에서 가장 가까운 공용화장실을 사용하는 것이다.

미국에서 9·11테러 발생한 이후에 조종석 보안기준이 강화되었기 때문에 파일럿이 화장실을 가기 전에는 인터폰으로 객실승무원에게 미리 연락해야 한다. 조종실 문 앞에서 객실승무원의 보호 아래 파일럿 한 명은 조종을 담당하고, 화장실을 갈 파일럿이 조종석에서 나오게 된다.

이때, 객실승무원 한 명이 조종석에 들어가서 화장실 간 파일럿이 돌아올 때까지 조종석에서 대기해야 하는데, 이는 2015년에 있었던 저먼윙스 9525편 추락 사고 이후에 생긴 절차이다.

이처럼 비행기 여행은 한 번의 사고가 있으면 다시는 그런 사고가 반복되지 않도록 방지하기 위해 철저하게 원인을 분석해 왔고, 시스템을 개선하여 절차를 만들어 보다 더 안전하게 발전했다.

그럼 파일럿은 얼마나 자주 화장실을 갈 수 있을까? 비행하면서 횟수 제한은 없다. 이 착륙이나 다른 항공기들이 많이 접근하는 복잡한 공항 근처라면 화장실을 갈 수 없겠지만, 순항 중이라면 화장실을 자주 가도 괜찮다.

파일럿은 계속 앉아서 근무하는 직업이기 때문에 여건만 허락된다면 자주 화장실을 가는 것이 스트레칭도 되고 혈액순환도 도울 수 있다. 개인적인 생각으로 파일럿이 오히려 자주 화장실을 가는 것이 더 안전하다고 본다.

하지만 연차가 높은 기장님 중에 간혹 화장실을 자주 가는 것을 직무태만이라고 생각하는 경우도 있다. 부기장일 경우 기장에게 먼저 화장실을 가도 되는지 정중하게 물어보는 것이 좋을 것 같다.

여담으로 내가 부기장으로 근무할 때, 굉장히 깐깐하고 어려운 질문을 계속하는 기장님과 비행할 때는 화장실을 더 자주 갔었던 것 같다. 당시 화장실이 나의 피난처이자 휴식처였던 셈이다. 그래서 나는 함께 비행하는 부기장님들에게 화장실에 다녀오라고 자주 권하는 편이다. 비행하며 중간중간에 휴식이 필요할 테니 말이다.

파일럿에 대한
진실 혹은 거짓

통계청의 자료에 따르면 대한민국의 인구는 5,178만 명(2020년 기준)이라고 한다. 이 중 국토교통부에서 조사한 2019년 통계를 바탕으로 내가 계산한 바로는 한국인 조종사 약 7,200명이 대한민국 및 외국에서 에어라인 파일럿으로 일하고 있다.

대략 대한민국 인구 약 7,000명 중 1명이 에어라인 파일럿인 셈인데, 그만큼 희소성이 있는 직업이고 전문직이기 때문에 파일럿이란 직업에 대해 알려진 바가 별로 없는 것이다. 가끔 드라마나 영화에서 파일럿의 일상이 다뤄지지만 과장되거나 단편적인 부분만 그려지기 때문에 대중들에게는 사실과 다른 부분들이 알려진 것 같다.

예를 들면, 〈부탁해요 캡틴〉, 〈캐치 미 이프 유 캔〉, 〈플라이트〉, 〈아메리칸 메이드〉 등의 영화들이 과장되거나 단편적인 부분만 나온 사례가 될 수 있고, 〈설리〉, 〈굿럭〉, 〈해피 플라이트〉 등의 영화와 드라마는 파일럿의 삶과 일상을 정말 사실적으로 다뤘다고 생각한다.

이번 장에서는 파일럿에 대해 알려진 것들과 실제는 어떻게 다른지, 혹은 같은지에 대해서 이야기하고자 한다. 파일럿에게 비행공포증이 생길 수 있는 것인지, 항공성 치매란 무엇인지, 기장과 부기장의 식사 메뉴는 어떻게 다른지, 남녀 파일럿 비율은 어느 정도 되는지에 대해서 답해 보겠다.

Q & A

비행공포증이
생길 수도 있나요?

승객과 비행을 배우는 학생들에게는 비행공포증이 생길 수 있지만, 에어라인 파일럿들에게 비행공포증이 생긴다는 것은 불가능한 일이다.

불가능한 이유는 2가지가 있다. 첫 번째는 승객들의 안전을 책임져야 한다는 책임감이 공포감을 이기기 때문이고, 두 번째는 '공포'의 감정이 생기려면 어느 정도의 시간과 여유가 있어야 하는데, 파일럿은 그런 감정을 느낄 시간적 여유가 없기 때문이다.

예를 들어 내일까지 제출해야 하는 리포트를 쓰느라고 밤을 새우거나, 군대에서 밤샘행군을 하거나, 사랑하는 사람에게 이벤트를 하려고 몇 시간 안에 100개의 풍선을 불고 있다고 상상해 보자. 이렇게 바쁜 순간에 공포, 외로움 등의 감정을 느낄 수 있을까?

그러나 조종사에게 공포증이 생길 수 있는 경우가 단 한 가지 있는데, 그것은 바로 파일럿이 휴가 때 승객이 되어서 다른 사람이 조종하는 비행기를 타고 갈 때이다. 물론 믿을 수 있는 파일럿 동료가 조종한다면 안심하겠지만, 자신이 모르는 파일럿이 조종하는 비행기가 불안하게 난기류를 통과하거나 궂은 폭풍 속을 비행한다면 비행공포증이 생길 것이다.

Q & A

비행하면 항공성 치매가 올 수 있나요?

공식적으로 '항공성 치매'라는 병명은 없다. 신문 기사나 논평 등에서 종종 이 단어가 사용되었는데, 이로 인해 많은 이들이 항공성 치매가 실제 존재하는 병이라고 생각한다.

파일럿들이 불규칙한 근무시간과 시차 등으로 인해서 현실에서 헷갈리는 상황들은 간혹 있다. 하지만 이런 상황들은 병이라기보다는 말 그대로 상황 때문에 혼동하게 되는 것일 뿐이다.

예를 들어 12월 31일 밤 8시에 비행이 끝났다고 가정해 보자. 다음 비행을 위해 1월 1일 밤에 일어나서 출근 준비를 해야 할 것이다. 이렇게 밤 비행 바로 다음에 또다시 밤 비행이 있을 때 파일럿들이 시간을 잠깐 혼동하게 되는 것이다.

한 번은 새벽 출근을 하기 위해 한 기장님이 회사에 오셨는데 그냥 집으로 돌아가신 적이 있다. 컴퓨터로 출근 처리를 하려는데 출근 처리가 안 되는 것이었다. 알고 보니, 그 기장님이 출근 날짜보다 1일 먼저 회사에 오신 것이었다. 말이 안 된다고 생각할 수도 있지만, 여러 파일럿과 객실승무원들이 출근 날짜와 오전 오후 시간을 혼동해 출근을 잘못하는 경우를 많이 보았다.

이렇게 복잡하고 불규칙한 근무 패턴으로 생활하다 보니 항상 같은 시간에 출근해서 같은 시간에 퇴근하는 사람들이 부러울 때도 있다. 하지만 파일럿으로 생활하면서 얻는 보람과 기쁨이 크기 때문에 우리가 감수해야 하는 부분 중 하나인 것 같다.

Q&A

기장과 부기장은 식사할 때 메뉴가 다른가요?

기장과 부기장은 반드시 다른 음식을 먹어야 한다. 혹시 상한 음식을 먹어 이상이 생기더라도 한 사람은 무사해야 하기 때문이다.

상한 음식을 먹고 몸에 이상이 생겨 비행할 수 없는 상태를 한글로는 '식중독', 영어로 'food poisoning'이라고 말하는데, 이를 방지하기 위해 항공사에 따라서 기장과 부기장 메뉴를 회사에서 정해 제공하는 경우도 있다(저비용 항공사의 경우에는 파일럿들의 식사 제공이 아닌 식비를 지급하여 파일럿들이 터미널에서 도시락을 알아서 구매

하기도 한다). 물론, 기장과 부기장이 의논해서 식사 메뉴를 바꾸는 것은 가능하다.

터미널에서 우연히 같은 브랜드의 커피를 사 먹는 일은 가끔 발생하는데 이런 경우는 예외적인 상황으로 볼 수 있다. 테러범들이 공항 터미널에서 판매하는 커피에 독을 넣는 것이 불가능한 일이기 때문이다.

또 외국에 체류하면서 기장, 부기장이 같이 식사하는 경우도 있는데 이는 비행기 안이 아니기 때문에 당연히 가능하다.

Q&A

현역에 있는 파일럿의
남녀 비율이 크게 차이가 나나요?

〈항공여행정보〉 조사에 따르면 2019년 기준 전 세계 여성 조종사 평균 비율은 5.18%에 불과하며, 남녀 직업이 평등하다고 알려진 미국이나 유럽에서도 조종사 여성 비율은 높지 않다. 유나이티드항공, 루프트한자가 7%대로 그나마 높은 비율이지만 대부분의 항공사에서 여성 파일럿의 비율은 3~4%에 머물고 있다.

인도의 경우에는 조금 다른데 저비용 항공사인 인디고(IndiGo) 항공의 여성 파일럿 비율은 약 13%이며, 스파이스제트(SpiceJet) 항공사도 여성 파일럿 비율이 12% 정도로 비교적 높은 편이다.

내가 일하는 항공사의 여성 파일럿의 비율은 세계 평균보다 약간 높은 8%이다. 하지만 이곳에서 3년 정도 일하면서 여성 파일럿과 같이 비행한 경험은 불과 다섯 손가락 안에 들 정도로 적다.

내가 만나본 여성 파일럿들은 모두 영어도 잘하고, 비행 기량도 뛰어났다. 개인적인 견해이지만, 여성 파일럿이 남자보다 더 멀티태스킹 능력이 뛰어났고, 좀 더 섬세해서 비행에 더 적합하다고 생각한다.

다른 모든 전문 분야가 그러하듯이 여성 파일럿의 비율 역시도 점점 증가하는 추세이므로, 가까운 미래에는 더 많은 여성 파일럿들을 볼 수 있을 것으로 보인다.

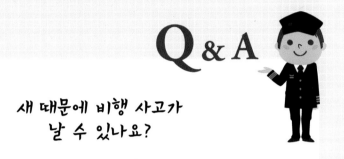

새 때문에 비행 사고가 날 수 있나요?

새 때문에 치명적인 항공기 사고가 발생할 수 있어 각별한 주의가 필요하다. 가장 대표적인 예가 '허드슨강의 기적(Miracle on the Hudson)'이라고 할 수 있다.

당시의 사건을 요약하면, 탑승객 155명을 태운 비행기(US airway Flight 1549)가 이륙 직후 기러기 떼와 충돌하며 엔진에 불이 붙어 허드슨강에 불시착한 사고이다. 이 사고는 다행히 전원 생존하면서 허드슨강의 기적이라고 불리게 되었다.

이처럼 비행하는 데 있어 새는 반갑지 않은 손님이다. 만약 비행기에 장착된 엔진에 단

몇 마리의 새가 들어간다면 구동되는 데 문제가 없겠지만, 다수의 새가 엔진에 흡입되면 해당 엔진은 구동 불능이 되거나 불꽃이 발생해 큰 화재로 번질 수 있기 때문이다.

이 외에도 새가 조종석 창문에 부딪히게 되면, 창문이 깨지면서 조종사가 다칠 수도 있고, 속도계 센서와 충돌해서 속도계가 고장 날 수도 있다.

나 역시 새들이 공원이나 거리에서 자유롭게 날아다니는 모습을 좋아하지만, 비행기에 타고 있을 때는 절대 새를 보고 싶지 않다.

새가 위험한 이유는 비행기 구조에도 있다. 비행기가 새처럼 날개를 접었다 펴고 파닥거릴 수만 있어도 비행이 편했을 수도 있다. 언제든 180도 급선회를 해 새가 다가와도 바로 피할 수 있기 때문이다. 하지만 이는 아직 불가능한 사안이므로 조심해서 비행하는 수밖에 없다.

비행기
조종의 기본

비행기를 조종하기 위해서는 먼저 ① 비행계기들을 보는 방법, ② 조종간을 조절하는 방법, ③ 엔진 출력을 조절하는 방법 등 3가지를 알아야 한다. 먼저 비행계기를 보는 방법부터 시작하겠다.

① 비행계기를 보는 방법

첫 번째, 비행계기 중 '고도계'를 보는 방법이다. 위 사진은 내가 예전에 만든 유튜브 영상의 한 장면이다. 사진에 보이는 공항은 미국 애리조나에 있는 세도나 공항이고, 사진 중앙 상단에 보이는 'Airbone-6400Ft'의 의미는 해발 6,400피트에 위치한 공항이라는 것이다. 비행하면서 조종사가 고도계를 보는 것은 '공항으로부터 항공기의 높이가 얼마나 되는지 상대적 높이를 확인하는 것'이라고 생각해도 좋다.

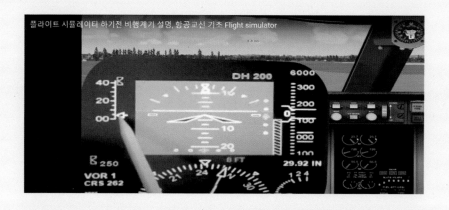

두 번째, '속도계'를 보는 방법이다. 펜 끝이 가리키는 지점이 속도계인데, 지금 보고 있는 계기는 속도계, 고도계, 방향 지시계가 한 화면에 통합되어 나타나는 PFD(Primary Flight Display)라는 것이다(속도계는 여러 가지 타입이 있어서 아날로그 시계처럼 바늘로 지시하는 것도 있다).

속도계에 붉은색으로 표시된 속도는 비행기의 한계점을 넘어서는 속도라고 생각하면 되며, 노란색 범위는 안전한 기류 속에서만 유지 가능한 속도, 초록색과 하얀색은 안전한 속도이다(하얀색 띠처럼 보이는 속도계 범위는 플랩이라는 고양력 장치와 관련되어 있다).

세 번째로 알아야 할 계기는 '자세계'이다. 이 계기에서 파란색이 의미하는 것은 하늘, 황토색이 의미하는 것은 땅이고, 파란색과 황토색 사이를 구분 짓는 하얀 선은 '가상지평선'이라고 부른다.

그리고 사진에서 '납작한 삼각형 2개'가 그려져 있는데, 이것을 'Miniature Aircraft'라고 하며, 우리가 조종하는 비행기를 상징한다. 이 자세계상 어디에 위치시키느냐에 따라 우리가 탄 비행기가 선회 또는 상승강하를 하도록 조작할 수 있는 것이다.

② 조종간을 조절하는 빙법

플라이트 시뮬레이터2020 초보자를 위한 입문서(튜터리얼) 사용설명서 1편

그럼 비행계기를 보았으니, 이제 조종간을 언제 어떻게 조작하는지 알아보자. 조작법은 간단하다. 위에 있는 사진에서처럼 조종간을 오른쪽으로 눕히면, 비행기는 오른쪽으로 선회하게 된다. 이러한 방법으로 비행기를 좌회전, 우회전시킬 수 있다.

③ 엔진 출력을 조절하는 방법

우리가 자동차로 높은 경사의 오르막길을 오를 때와 마찬가지로 비행기가 더 높은 고도로 상승하려면 먼저 엔진 출력을 증가시키고, 그다음 조종간을 자신의 몸 쪽으로 당기면 비행기의 기수자세(비행기 앞부분)가 높은 경사각으로 바뀌면서 비행기가 상승하게 된다.

이륙할 때도 같은 원리로 엔진 출력을 증가시키고, 항공기 속도가 비행기를 부양시킬 수 있는 속도에 다다르면 천천히 조종간을 자신의 몸 쪽으로 당기면서, 자세계를 보고 해당 비행기의 매뉴얼에 나온 추천된 상승각을 유지하면 된다.

비행기를 강하시키려면 엔진 출력을 먼저 줄이고, 조종간을 앞으로 밀면 되는데, 만약 엔진 출력을 그대로 두고 조종간만 앞으로 밀면 비행기의 속도가 증가해서 해당 비행기의 한계속도를 넘게 되므로 주의해야 한다.

*조종 관련 용어
1. 에일러론: 비행기를 좌회전, 우회전시킬 때 사용하는 조종 면
2. 플랩: 한글로는 '고양력 장치'라고 부르며, 주 날개의 굴곡을 변화시켜 낮은 속도에서도 항공기가 공중에 부양할 수 있도록 만들어 이착륙 속도를 줄여준다.
3. 러더: 발로 제어하는 러더페달이라는 것으로 제어하는 조종 면으로 마치 군인이 제자리에 선 채로 좌향좌와 우향우를 하는 것처럼 비행기를 이동시키며, 러더페달이 비행기 앞바퀴와 연결되어 있기 때문에 지상에서 지상활주 시에 비행기가 좌우로 선회하도록 해준다.
4. 엘리베이터: 비행기를 상승 또는 하강하도록 조작하는 조종 면

내 꿈에 한 걸음
더 가까이!

파일럿으로 4 살아가기

파일럿의
현실

파일럿으로 일하다 보면 예상치 못한 일들을 마주하는 경우가 많다. 예전의 나의 경험을 나누자면, 어느 날 이륙을 해서 상승하고 있었는데 객실승무원에게 급한 연락이 왔다.

"기장님, 승객 한 분이 숨을 쉬지 못하시겠다는데요!"

세상에! 승객이 숨을 못 쉬겠다니? 바로 관제사에게 연락해 이륙했던 공항으로 항공기를 돌리면서, 객실승무원에게 휴대용 의료산소호흡기를 사용하라고 연락했다.

다행히 착륙 후에 그 승객은 무사했지만, 혹시나 승객의 생명에 문제가 있을까 봐 정말 노심초사한 나머지, 나의 수명이 5년 정도 줄어든 기분이었다.

또 한 번은 하얼빈 공항을 향해서 비행하다가 회사에 보고해야 하는 지점에서 무전기 교신을 했다.

"비행기는 문제없이 잘 가고 있습니다."

그런데 회사에서 갑자기 이륙했던 인천공항으로 돌아오라고 했다. 나는 나의 귀를 의심하고, 다시 물어보았다.

"기장입니다. 지금 인천에 다시 돌아가라는 말씀이신가요? 뭔가 착오가 있으신 것 아닌가요?"

알고 보니 목적지인 하얼빈 공항에 예보에도 없던 폭설이 내려서 공항이 폐쇄된 것이다. 그래서 그날 비행은 목적지에 가지 못하고, 이륙한 지 20분 만에 인천공항으로 돌아와 착륙하게 됐다.

하지만 착륙했다고 업무가 끝났다고 생각하는 건 큰 오산이다. 승객들에게 방송으로 먼저 사과를 하고, 승객이 내릴 때 마주하며 다시 사과를 드려야 한다. 출국장을 통과하면 인천공항에서 이륙했다가 돌아왔으니 입국 절차가 아닌 출국취소 절차를 밟느라 2시간 정도 기다려야 하고, 회사에 가서 보고서도 작성해야 한다.
결과적으로 하얼빈 비행 다녀온 것보다 더 많은 시간을 근무하게 된다.

이처럼 비행 중에는 예기치 못한 일들이 많은데, 실제 파일럿의 현실에 대해서 낱
낱이 안내하고자 한다.

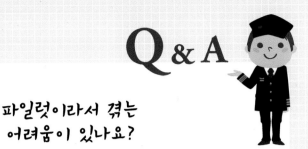

Q&A

파일럿이라서 겪는 어려움이 있나요?

파일럿이라서 겪는 어려움은 아무리 아파도 약을 함부로 먹으면 안 되는 점, 출근 시간이 불규칙한 점, 평가(시뮬레이터, 수시평가, 정기비행심사 등)가 계속되는 점, 비행기 결함이나 공항에 특이 사항이 예고 없이 생기는 점 등이라고 할 수 있다.

조종사에게 약물 처방이 필요한 경우 항공전문의의 허가가 있어야 하며, 허가를 받았더라도 약물 복용 기간의 5배의 기간이 지난 후 업무에 복귀해야 한다.

특히 사람이 살아가는 데 바이오리듬이라고 하는 생체리듬은 매우 중요하다. 하지만 출근 시간이 불규칙하다면 이 리듬이 깨질 수밖에 없다. 교대로 번갈아 가면서 비행을 할 땐 낮에 잠을 자고 밤에 일어나야 한다. 그다음 날에는 밤에 자고 낮에 일어나야 한다. 이 경우 당연히 깊은 잠이 들 리가 없다. 잠을 설치고 비행을 하면 피로한 상태에서 졸음과 싸워야 한다.

작년에 소화가 안 되고 몸살감기에 걸려서 휴가를 내고 병원에 간 적이 있다. 진료를 봐주신 의사 선생님은 "잠을 일정한 시간에 자고, 식사도 항상 같은 시간에 해야만 낫는다."라고 조언했다. 나는 그건 직업 특성상 불가능하다고 대답할 수밖에 없었다.

의사 선생님 말씀대로 매일 비슷한 시간에 밥을 먹어야 우리의 위장도 그 시간에 맞춰 위액을 분비하고 소화시킬 준비를 할 텐데, 식사 시간이 계속 바뀌면 위장도 제 일을 제대로 할 수 없을 것이다. 파일럿을 오래 하고 싶다면 이런 불규칙한 생활은 꾸준한 운동과 식단관리 등으로 극복해야 할 것이다.

Q & A

파일럿은 언제 쉬나요?

파일럿이 쉬는 날은 메이저 항공사와 저비용 항공사에 따라 조금 차이가 있다. 성수기인지 비성수기인지에 따라서도 다르며, 대형기로 장거리 비행을 하느냐 소형기로 중단거리를 비행하느냐에 따라서도 달라진다.

대한민국 항공사 파일럿의 경우 보통 한 달에 10일 이상의 휴일을 보장받는 것이 일반적이다. 이것을 '보장 휴일'이라고 하는데, 이 외에 연차도 신청할 수 있고, 파일럿이 아픈 상태로 비행하면 안전상 위험할 수 있기 때문에 병가도 신청할 수 있다.

외국 항공사의 경우, 계약에 따라 휴일 수가 달라지며 대한민국 항공사와 마찬가지로 매달 보장 휴일에 연가와 병가를 신청할 수 있다. 다른 것이 있다면 4주 근무하고 2주 휴일 또는 8주 근무 후 3주 휴일 등의 다양한 근무 패턴을 선택할 수 있다.

이러한 탄력적인 근무 형태는 해당 항공사가 몇 가지를 정한 뒤 파일럿이 선택하게 하는데, 항공사의 사정에 따라 근무 패턴이 중간에 바뀔 수도 있다.

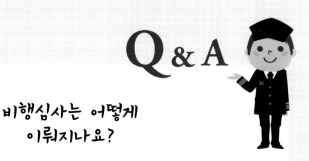

비행심사는 어떻게 이뤄지나요?

항공사에서 실시하는 파일럿의 비행심사에는 시뮬레이터 평가와 비행심사(정기심사, 수시심사)가 있다.

먼저, 시뮬레이터 평가는 보통 6개월에 한 번 실시한다. 하지만 회사에서 특수공항을 새로 취항하는 경우, 새로운 절차가 생겨서 훈련이 필요한 경우, 교통부에서 추가 훈련

지침이 내려올 경우에는 추가 훈련과 심사가 진행된다.

시뮬레이터 평가가 어려운 이유는 평소 비행과는 달리, 비상 상황에 관한 시나리오가 설정되기 때문이다. 예를 들어 시동을 거는데 엔진이 고장 났다거나, 이륙하는데 화재가 발생해 연기가 난다거나, 응급환자로 인해 비상착륙을 해야 하는 등 말 그대로 비상 상황을 설정해 평가를 받는다.

위의 사진은 보잉737 여객기 시뮬레이터 사진이다. 기장석과 부기장석 뒤에 시뮬레이터 교관이 앉는 좌석이 있고 교관석 오른쪽에 컴퓨터가 있다. 시뮬레이터 교관은 이 컴퓨터로 여러 가지 비상 상황을 설정한다. 이때 파일럿들이 상황에 적절한 비상조치를 적용하는지, 우선순위대로 일을 올바르게 처리하는지를 평가한다.

비행심사는 1년에 한 번 실시하는 '정기심사'가 있고, 불시에 받는 '수시심사'가 있다. 두 비행심사 모두 실제 승객을 태우고 국내·국제선을 비행하는 것으로 전체적인 사항을 평가한다. 비행 시작 전에는 지식심사도 이뤄진다.

지식심사는 주로 구술평가로 이뤄지며 회사 매뉴얼, 항공기 제작사 매뉴얼, 항공법, 기타 계기비행 이론, 항공상식 등에 대하여 무작위로 질문하여 답변하는 형식이다. 비행과 관련된 모든 지식을 질문하기 때문에 시험 범위가 정해지지 않은 시험이라고 보면 된다.

Q & A

파일럿의
직업병이 있나요?

파일럿의 직업병이라고 하면 시차와 불규칙한 생활로 인한 역류성 식도염과 같은 위장장애, 얕은 수면으로 인한 만성피로, 그리고 항공성 치매라고 불리는 건망증, 사소한 일에 너무 진지한 태도 등이 있다.

사실 위장장애와 만성피로는 다른 직업군에서도 흔하게 발생하는 병이다. 하지만 '항공성 치매'는 특정 직업에만 발생하는데, 앞서 잠깐 언급했듯이 장시간 하늘 위를 날아다니는 이들을 괴롭히는 건망증의 일종이다.

항공성 치매는 정식 의학 용어는 아니다. 근무시간과 체류 도시가 자주 바뀌다 보니 잠에서 깰 때마다 '이번엔 어디 도시에서 잠들었더라?'라고 스스로 질문하면서 여기가 어딘지 까먹는 등의 흔한 건망증을 지칭한다.

'사소한 일에 너무 진지한 태도'라는 것은 파일럿의 숙명이라고도 할 수 있다. 파일럿들은 승객의 안전을 위해 서로의 실수를 바로 알려주며(때론 지적하며) 근무하기 때문에 긴장을 많이 한다. 실수하지 않기 위해 비행하기 전에 더 까다롭게 이것저것을 따지는 성향으로 바뀌게 되는 것이다. 이런 성향은 비행이 끝나도 이어지곤 하는데, 요즘 흔히 말하는 '꼰대' 같은 모습이라고도 할 수 있어 가족들과 지인들이 힘들어할 때도 있다.

파일럿의
매력

영화나 드라마 속에 가장 파일럿 유니폼이 어울리는 배우를 뽑자면 레오나르도 디카프리오, 덴절 워싱턴, 톰 크루즈, 키무라 타쿠야인 것 같다.

이들 중 레오나르도 디카프리오는 영화 〈캐치 미 이프 유 캔〉에서 조종사 행세를 하는 사기꾼 역할을 맡았음에도 유니폼이 잘 어울렸고, 영화 〈플라이트〉에서 덴절 워싱턴의 걸음걸이와 관제사와 교신하는 모습은 정말 10년 차 기장쯤은 되어 보였다. 톰 크루즈는 실제로 조종사 자격증이 있는 배우인 만큼 영화 〈아메리칸 메이드〉에서 에어라인 기장 역할을 잘 소화해 냈다. 드라마 〈굿 럭〉에서 부기장 역할을 맡은 키무라 타쿠야도 파일럿 유니폼 입은 모습이 참 멋졌다.

이처럼 파일럿의 매력을 꼽으라고 하면 뭐니 뭐니 해도 멋진 유니폼이 아닐까 싶다. 하지만 이 외에도 파일럿의 매력은 무궁무진하다.

비행전문가로서 자부심(pride)이 있으며, 다른 업종의 일은 근무시간이 끝나도 추가 업무가 남아 야근을 할 때가 있지만, 파일럿은 비행 시작 시간과 비행 종료 시간이 명확히 정해져 있어 비행기에서 승객 하기가 끝나면 그 이후로는 퇴근이라고 할 수 있다.

휴일에는 온전히 회사의 방해를 받지 않고, 자기만의 시간을 보낼 수 있는 것도 수많은 매력 중 하나이다. 업무의 시작과 끝이 분명하고 자신의 임무와 역할만 잘 수행하면, 아무도 파일럿의 사생활을 침해하지 않는다.

또 다른 매력은 매번 같이 일하는 사람이 바뀐다는 것이다. 이번 임무가 끝나면 다음번에는 언제 다시 만날지 알 수 없어서 서로 더 예의를 지키며 일을 한다. 매일 같은 공간에서 만나서 일하는 사무실 동료들처럼 끈끈한 정이나 소속감이 덜한 부분은 좀 아쉽지만, 너무 깐깐하거나 업무 스타일이 달라서 같이 일하기 힘든 사람과 비행을 할 때면 매번 같이 일하는 사람들이 바뀌는 것이 큰 매력이 되기도 한다.

이 외에도 파일럿은 항공시장의 사정에 따라 자녀교육 등을 목적으로 자신이 원하는 나라에서 일하는 기회도 얻을 수 있다.

마지막으로 비행기는 수십 년을 조종해도 질리지 않을 정도로 정말 흥미롭고 재미있는 전망 좋은 이동형 사무실이다. 이 사무실에서 파일럿은 늘 새롭고 짜릿한 일을 할 수 있다.

이번 장에서는 매력적인 파일럿의 직업의 장단점은 무엇인지, 조종석에서 보는 하늘의 풍경은 어떠한지, 비행하면서 어떤 순간이 가장 기억에 남는지 등에 대하여 소개해 보겠다.

Q & A

파일럿의
장점은 무엇인가요?

파일럿의 가장 큰 장점은 첫째, 직업을 유지하기 위해 건강에 신경 쓰게 되는 것이다. 파일럿 신분을 유지하려면 조종신체검사에 수차례 통과해야 하는데 좋은 결과를 얻기 위해 식이요법, 운동 등으로 스스로 건강을 관리할 수밖에 없다. 직업 유지를 위해서라도 반려견과의 산책, 자전거 타기 등을 하며 건강을 챙기게 된다.

둘째, 가족들이 파일럿이라는 직업을 자랑스럽게 생각한다는 점이다. 내가 사복을 입을 때와 유니폼을 입을 때 가족들의 눈빛이 달라지는 것이 확연하게 느껴진다. 개인적인 생각으로 제복이 주는 의미가 남다르다고 인정해 주는 듯하다.

셋째, 스스로 일을 하며 보람을 느낄 수 있다는 점이다. 파일럿은 승객에게 아름다운 추억을 선사할 뿐만 아니라 승객의 안전한 여행을 위해 힘쓰는 직업이다. 하루하루 안전한 비행을 마칠 때마다 안도감과 함께 큰 보람이 느껴진다.

넷째, 다양한 나라를 쉽고 저렴하게 가볼 수 있다는 점이다. 일반적으로 해외여행을 떠나기 위해선 수많은 절차를 거친다. 회사에 미리 휴가를 신청해 여행 계획을 짜고, 여행비를 모아 항공권을 구매해야 한다. 하지만 파일럿은 여러 나라를 업무의 일환으로 갈 수 있다. 또 업무 외에도 개인적으로 가고 싶은 해외여행지가 있다면 항공사의 항공권 할인 혜택을 받아 비교적 저렴하게 갈 수 있다.

Q & A

반대로 파일럿의 단점은 무엇인가요?

파일럿의 단점은 첫째, 날짜 감각을 잃게 되는 것이다. 어제 밤샘 비행을 했다면, 내일은 새벽에 출근해야 한다. 이처럼 근무시간이 불규칙해 시간이 나만 빠르게 흘러가는 것처럼 느껴지고, 날짜 개념에 무뎌진다.

둘째, 보통 파일럿은 한 달에 10일 이상 다른 나라 혹은 다른 도시에서 지내기 때문에 가족, 지인들과 시간을 보내기 어렵다. 그래서 지인들의 경조사를 잘 챙겨주지 못하고, 친구들과 만나기 위해서는 최소 한 달 전에 약속을 잡아야 한다.

셋째, 파일럿은 정년이 보장된 직업이 아니다. 파일럿의 정년이 길긴 하지만, 조종사 신체검사에서 탈락하거나 시뮬레이터 평가와 비행심사에서 나쁜 성적을 받으면 한순간에 파일럿 신분을 내려놓아야 한다. 특히 평가와 시험의 경우 열심히 준비해서 잘 보면 된다지만, 우리의 건강은 당장 내일 어떻게 될지 아무도 알 수 없어 얼마나 이 직업을 할 수 있을지는 누구도 모른다.

Q & A

조종석에서 보는 하늘의 풍경은 어떤가요?

만나는 지인마다 조종석에서 보는 하늘의 풍경이 어떤지 묻곤 한다. 그럴 때마다 내가 본 것들을 제대로 표현할 수 없어 아쉬웠다. 비행 중 조종석에서 바라보는 풍경이란 어떤 말로도 표현 불가능이다. 그때 그 장면을 100% 담진 못하지만, 몇 장의 사진들로 내가 본 것들을 공유하고자 한다.

이륙하면서 혹은 순항 중에 맞이하게 되는 일출과 일몰, 도시의 불빛과 고깃배들의 불빛, 너무나 푸른 하늘에 떠 있는 구름, 바다 위에 비치는 햇빛의 반사광, 무지개와 유성, 너무나 커다란 별들과 지평선들. 아마 반 고흐라면 조종석에서의 하늘의 풍경을 그릴 수도 있고, 생텍쥐페리라면 이 아름다움을 글로 표현할 수 있었겠지만, 이 책의 저자가 캡틴박이라서 사진으로나마 전할 뿐이다.

Q & A

비행하면서 어떤 순간이
가장 기억에 남나요?

사실 "비행을 하면서 기억에 남는 순간이 있나요?"라는 질문에 답하기에는 그 순간들이 너무나 많다. 하지만 굳이 꼽으라고 하면, 평범하고 일상적인 비행이 가장 기억에 남는다.

예를 들면, 좋은 기류로 이륙해서 해가 지는 모습을 볼 때라든지, 무사히 착륙한 뒤 조종석 창문을 통해 비행기에서 내리는 손님들을 보다가 어린아이와 눈이 마주쳐 같이 손을 흔들었던 기억 등이다.

또 일출이나 일몰을 바라보며 비행할 때, 밤하늘을 보면서 비행하다가 갑자기 별똥별을 보게 될 때, 비행기 아래로 예쁜 무지개가 펼쳐졌을 때 등이 모두 기분 좋은 기억으로 남아 있다.

아무리 주위를 둘러보아도 세상에서 가장 멋진 사람은 나의 부모님이고, 가장 아름다운 사람은 나의 아내와 자식인 것처럼, 가장 일상적인 것이 가장 특별한 것이고 가장 소중한 것이 아닐까 싶다.

그래도 누군가가 나에게 "비행을 하면서 기억에 남는 순간을 꼭 하나만 꼽아주세요."
라고 물어본다면 나의 대답은 "목적지에 도착해 밝은 표정으로 비행기에서 내리는 승
객을 바라보는 순간이요!"라고 말할 것이다.

파일럿의
미래

파일럿 전망에 대해 궁금해하는 이들이 많다. 파일럿의 미래를 이야기하기 전 2가지를 빼놓을 수 없다. 첫 번째는 '팬데믹'이고, 두 번째는 '무인여객기의 상용화'이다.

팬데믹이란 세계적으로 전염병이 대유행하는 상태를 말한다. 최근 코로나19 바이러스와 같이 전염병이 지속될 경우 국가가 봉쇄돼 다른 나라로의 입국을 어렵게 한다. 앞으로 팬데믹이 계속될 경우 많은 여객기가 날지 못해 오랫동안 땅에만 머물게 될 것이다.

2020년 초까지만 해도 세계는 하늘길을 통해 하나로 통했다. 성수기에는 만석인 경우가 대부분이었으며 조종사가 세계적으로 부족하다는 신문 기사도 종종 볼 수 있었다. 하지만 코로나19 바이러스가 세계를 덮치면서 항공사는 생존을 위해 구조조정과 극단적인 비용절감을 택했고, 조종사 신규채용은 몇 년간 힘들어지게 되었다.

그러나 이번 일을 계기로 백신을 개발하기 위해 천문학적인 예산을 투자하면서 보통 수년이 소요되는 백신 개발을 1년 미만으로 앞당기는 기술혁신을 이루었다. 이 외에도 AI가 바이러스를 여러 각도로 분석하는 등 기술은 날로 발전하고 있다. 그러므로 또 다른 팬데믹이 일어난다고 해도 몇 달 안에 백신을 만들어 종식 시킬 역량이 이번 일을 통해 만들어졌기에 더 이상의 국가봉쇄는 없을 것이라고 보고 있다.

팬데믹뿐만 아니라 미래에 무인여객기가 상용화되어 파일럿이란 직업이 사라질 수 있다는 우려가 있다. 아마 자율주행 자동차가 나오고 있고, 드론 비행기술이 눈부시게 발전하고 있기 때문에 충분히 걱정할 수 있다고 생각한다.

하지만 무인여객기는 다른 문제이다. 왜냐하면, 여객기는 높은 고도에서 지상까지 운행하는 운송수단이기 때문이다. 높은 고도에서 운행한다는 것은 지상에서만 운행하는 자율주행 자동차와는 달리 날씨, 기압 차, 난기류 등의 많은 변수와 위협요소들을 관리해야 하는 측면이 있다.

또 비행기는 많은 승객을 태우는 운송수단이기도 한데, 환자 발생 등의 의학적인 변수가 발생할 수 있고, 무게 측면에서 현재의 드론 비행기술과는 엄청난 차이가 있다.

사실, 비행하는 데 파일럿이 꼭 필요한 이유는 자율주행 시스템에 대해서 조금만 생각해 보면 된다. 자율주행의 주체는 인공지능이다. 이는 곧 입력한 정보대로만 움직인다는 말이 된다. 만일 인공위성신호수신 오차, 속도계나 고도계의 고장 등으로 비행에 필요한 기본적인 입력치(입력된 정보)가 잘못되면, 인공지능은 현재 항공기의 위치, 속도 등을 잘못 인식할 것이고, 이는 결국 큰 사고로 이어질 것이다.

반면, 조종석에 파일럿이 타고 있다면 속도계나 고도계가 갑자기 너무 큰 차이를 보인다거나, 항법장치(GPS 등)가 갑자기 잘못된 위치로 지시하는 등의 비정상적인 값을 나타낸다면 계기고장이라는 것을 바로 알아내고 수동 비행조작으로 전환할 것이다.

지금까지의 항공기 역사를 보면, 항공기 제작자들이 모든 경우의 수를 대비해서 항공기 안전 시스템을 만들어 왔으나 제작자들의 예상을 뛰어넘는 날씨나 시스템 고장으로 인해 사고가 일어나곤 했다. 비행 중 갑자기 비행기 천장이 부서진다거나, 비행조종장치 연결 부위가 고고도에서 빙결현상으로 조작과 반대 방향으로 반응한다거나, 특정 날씨에서 화물칸 문이 날아가거나, 조종석 창문이 떨어져 나가는 등의 상상할 수 없는 일들이 일어나는 것이 비행의 세계이다.

그렇기에 자동비행장치가 잘못되면 바로 수동조작을 해야 한다. 무인여객기는 말 그대로 100% 자동비행 개념이기 때문에 수동조작으로 비행할 수 없어 파일럿이 꼭 필요하다. 아주 먼 미래에는 가능할지 몰라도 무인여객기는 적어도 우리 세대에는 불가능할 것이다.

Q & A

파일럿의 전망은
어떠한가요?

세계 많은 항공사에서 코로나19 바이러스의 영향으로 파일럿들을 정리해고 하고 있다. 파일럿이 된다는 것은 원래 힘든 일이었는데, 2021년부터는 더 어려워진 셈이다. 파일럿이 되기 어려운 이유는 마치 운동선수처럼 자리가 한정되어 있기 때문이다. 항공사에서 필요한 인원이 채워지면 아무리 능력이 뛰어나고 비행을 잘해도 파일럿으로 취업할 수 없다.

한편, 외국에서 근무하는 한국인 조종사가 늘어나고 군 조종사들이 민간 항공사로 이직을 많이 하면서, 에어라인 기장 인력과 군 조종사가 부족해진 현상을 "한국에 조종사가 부족하다."라고 잘못 인식한 사람들이 있었던 것 같다. 잘못된 소문으로 인해 비행 유학과 국내에서 조종사 자격증을 취득하는 사람들이 매년 증가했고, 이로 인해 에어라인 부기장 신규취업은 점점 더 힘들어졌다.

여기에는 파일럿이 되고 난 뒤 직업 안정성이 보장된다는 예상도 한몫했을 것이다. 하지만 그 예상은 완전히 빗나갔다. 2020년은 우리에게 항공산업이 하루아침에 어려워질 수도 있다는 것을 보여준 해였다. 비행을 안전하게 잘 하고, 매 시험에 통과하고, 건강관리만 잘 하면 정년까지 편안할 것이라는 기대는 한순간에 물거품이 된 것이다.

2021년 말부터 에어라인 조종사 채용이 다시 시작된다 하더라도 에어라인 경력과 여객기 자격증이 있는 조종사가 먼저 채용될 것이고, 신규채용의 기회는 적을 것이다.

앞으로 더 이상의 팬데믹이 없다고 하더라도 항공산업의 변화는 불가피할 것이다. 이전에는 많은 파일럿이 대형기를 조종하고 싶어 했고, 장거리를 주로 가는 대형기는 많은 승객을 태울 수 있어 회사에 큰 이익을 안겨 주었었다. 하지만 그렇게 한 시대를 풍미했던 에어버스380, 보잉747 등의 대형여객기는 승객이 갑자기 줄었을 때 유지비가 감당되지 않을 정도로 많이 들고 모객이 어렵다는 치명적인 단점이 드러나게 되었다. 이를 통해 단언컨대 2020년 이후 항공산업은 소형여객기를 선호하는 시장으로 바뀌게 될 전망이다.

이처럼 항공산업의 큰 틀과 사업모델은 변화될 것이지만, 몇 년 동안에 항공시장 재편 후에는 파일럿의 채용 기회는 다시 올 것이다. 문제는 항공시장의 회복까지 몇 년이 걸릴지다. 그 시기를 판단하기 위해서 우리는 외신과 항공전문가들의 분석에 귀를 기울여야 한다. 조종사는 점점 많아지고 입사의 길은 바늘구멍처럼 좁아졌지만, 꿈은 정말 소중하니까 말이다. 하지만 현실은 직시해야 한다.

Q&A

예비 파일럿에게
해주고 싶은 말이 있나요?

파일럿은 동경할 만한 가치가 있고 좋은 직업이라고 말해 주고 싶다. 하지만 파일럿이 된 후에도 엄청난 공부와 수고스러움을 계속 감수해야 하는 직업이라고도 미리 말한다.

나는 지금까지 파일럿이 된 것을 후회한 적이 단 한 번도 없다. 심지어 과거 2년 동안 (2008~2009년) 지원했던 모든 항공사 시험에서 낙방해서 경제적으로나 정신적으로나 모두 힘들었던 시절에도 파일럿이 되겠다는 마음은 변하지 않았다. 그만큼 파일럿이 되고 싶다는 생각이 강했고 직업에 대해 큰 매력을 느꼈기 때문이다.

단순히 높은 연봉이나 파일럿의 폼 나는 삶이 좋아서 조종을 시작하고 싶다면 이 길을 선택하지 말아야 한다. 이 세상에는 파일럿보다 더 많은 연봉을 받고, 더 폼 나는 일은 많다.

무엇보다 파일럿을 직업으로 얻는다는 것은 오디션에서 뽑히는 것처럼 수십 대 일 또는 수백 대 일의 확률로 어려운 일이고, 조종사 자격증을 취득하려면 경제적으로나 시간상으로나 큰 투자를 해야 해서 시작하기 전에 가족들과 충분히 논의하여 깊이 생각해 보길 권한다.

만약 가족들과 논의한 후에도 조종사에 도전하지 않으면 나중에 나이가 들어 '왜 시도하지 않았을까?' 하고 후회할 것 같다면, 그때는 조종 교육을 시작해야 한다고 생각한다.

마지막으로 나는 예비 파일럿들에게 정말 묻고 싶다.

"진정 왜 파일럿이 되고 싶은가요?"

파일럿의
기내방송 테크닉

비행기를 타본 이들이라면 분명 기장의 기내방송을 들어보았을 것이다. 비행기 안에선 기내방송이 정말 중요하다. 기내방송은 승객들에게 '내가 탄 비행기가 지금 안전하구나.'라는 확신을 줄 수 있는 가장 확실한 방법이기 때문이다.

대부분의 항공사에는 『기장방송 매뉴얼』이라는 책이 있다. 이 책에 적힌 매뉴얼은 기내방송의 뼈대이다. 회사에서 발행한 매뉴얼인 만큼 파일럿은 회사의 정책을 가능한 따라야 한다.

매뉴얼을 보면 중간중간에 빈칸이 있다. 그 빈칸은 시간, 장소, 상황을 나타내는 것으로 때에 따라 빈칸의 부분만 바꿔서 방송하면 된다. 매뉴얼에 없는 상황일 경우 파일럿이 즉석에서 기내방송 멘트를 만들어서 하기도 한다.

기내방송은 매뉴얼에 따라 그 형식에 맞춰서 하면 되지만, 그 안에서도 주의할 사항들이 있다. 그것은 승객들에게 불안감이나 공포감을 조성할 수 있는 표현을 피하는 것이다.

피해야 할 표현들은 '사고가 날 수 있다', '위험하다', '기도하다' 등 부정적인 뉘앙스의 말들이다. 반대로 꼭 언급해야 할 표현들은 '안전하다', '안심해도 좋다' 등이 있다.

그리고 비행기에 학교나 회사 등에서 단체 승객들이 탑승했을 때는 기내방송에서 해당 단체명을 언급하기도 한다. 만약 한 중학교에서 학생들이 단체로 탑승했을 경우 "○○ 중학교 학생 여러분 환영합니다. 즐거운 비행 되세요!"라고 말하는 편이다.

대부분의 기장들은 기내방송을 할 때 낮은 중저음으로 말하려고 하는데, 그 이유는 기장이 원숙한 목소리를 들려줄수록 승객들에게 안도감을 준다는 통설이 있기 때문이다. 나 역시 승객을 안심시키기 위해 낮은 목소리로 말하려고 노력하고 말의 속도는 다소 느리게 한다.

말이 빨라 급한 느낌이 드는 기내방송은 승객들에게 불안감을 조성할 수 있어 파일럿은 아무리 다급하고 바쁜 상황이라도 차분하고 느리게 방송을 하는 것이 좋다.

기장이 기내방송에서 말하는 한마디 한마디에 따라 승객들에게 안심을 줄지 불안감을 조성할지가 결정되기 때문에, 방송 전에 사용하는 어휘, 목소리 톤, 진정성 등을 모두 고려해 준비해야 한다. 기장방송을 마친 후에는 방송이 잘 들렸는지 객실승무원에게 연락해서 확인해야 한다. 때로는 방송시스템 결함으로 방송이 전혀 들리지 않을 때도 있으니까 말이다.

다음은 '국제선 welcome 기장방송'의 예시이다.

손님 여러분! 안녕하십니까. 저는 ○○ 국제공항까지 여러분을 모시고 가는 기장입니다. 오늘도 저희 ○○ 항공을 이용해 주셔서 대단히 감사합니다.

이 항공기는 ○○ 국제공항을 출발하여 고도 ○○○m, 시속 ○○○km로 안전하게 순항하고 있습니다. 목적지인 ○○ 국제공항까지의 비행시간은 이륙으로부터 ○○시간 ○○분이 소요되어 현지 시각으로 ○○월 ○○일 ○요일 오전 ○○시 ○○분경에 목적지인 ○○ 국제공항에 도착할 예정입니다.

항로상의 날씨는 대체로 양호할 것으로 예상되나 기류가 불안정한 지역을 통과할 때에는 다소 흔들릴 수도 있습니다. 좌석에 앉아 계실 때에는 승객 여러분의 안전을 위하여 좌석벨트를 매어주시기 바라며, 기상예보상 목적지 ○○ 국제공항 도착 시간 날씨는 구름이 약간 낀 날씨에 기온은 섭씨 ○○도가 될 것으로 예상됩니다.

다시 한번, 저희 ○○ 항공을 이용해 주셔서 감사드리며 저희 승무원들이 목적지까지 안전하게 모시겠습니다. 그럼, 아무쪼록 즐거운 여행이 되길 바랍니다. 감사합니다.

실제 기내방송은 위의 내용을 기본으로 하며 기장의 취향에 맞게 조금씩 각색된다. 어떤 항공사는 해당 항공사에서 만든 기장방송문을 그대로 방송하는 곳도 있고, 회사 기장방송문이 아예 없어서 기장이 임기응변으로 방송하는 항공사도 있다.

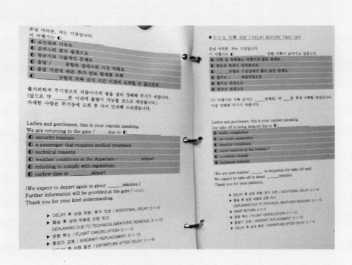

마치며
더 멀리 더 높이 날기를 기대하여

"승객 여러분! 저는 기장입니다. 방금 우리 비행기는 무사히 착륙했습니다. 저는 20대에 비행을 시작해서, 60이 넘도록 비행을 해 왔습니다. 30년이 조금 넘게 비행을 했고, 방금 마지막 비행을 끝마쳤습니다.

오늘 저와 함께 비행해 주신 모든 승객님들, 승무원님들께 감사합니다. 30년을 더 높이, 더 빨리, 더 안전하게 날아오르고 싶었습니다. 그 꿈을 모두 이룬 지금은 이제 여러분께 작별을 말씀드려야 할 때입니다.

오늘 가시는 목적지까지 안전하고 건강하게 가시기를 기원하면서 지금 공항유도로에서 하기하실 탑승구까지 안전하게 모시겠습니다. 다시 한번, 오늘 저의 마지막 임무를 함께해 주셔서 감사합니다. Enjoy your flight!"

내가 일하는 항공사 레풀레스 기장님의 마지막 기장방송이다. 회사에서는 비행을 마치고 나오는 기장님께 준비한 꽃다발을 전해드렸다. 기장님은 비행을 함께한 승무원들과 함께 기념사진을 찍으신 뒤 항공사의 모든 파일럿에게 단체 문자를 보내왔다.

"Dear Friends! It is the time to tell you 'Good bye!' I wish the best all of you! Fly higher, faster, and more safe flight!(여러분! 이제 작별을 고할 때입니다. 모두 잘 지내세요. 더 높이, 더 빨리, 더 안전하게 비행하세요!)"

문자를 받은 나는 울컥했다. 모든 에어라인 조종사들이 꿈꾸는 궁극의 목표는 '안전하게 마지막 비행을 마치는 것'인데 그 한 가지 목표를 위해 건강을 관리하고, 비행을 준비하고, 규정이나 항공기 매뉴얼을 공부하며 치열한 하루하루를 보낸다. 어떻게 보면, 나역시도 마지막 비행을 향해 하루하루를 보내고 있는지도 모른다.

이 세상의 모든 파일럿들은 시간을 도둑맞는다. 하루살이 인생이라는 말도 있다. 알람

소리에 일어나 공항에 가고, 출근 전에 낯선 나라에서 24시간에서 48시간 동안 음식을 사 먹기 위한 약간의 돈을 환전하고, 브리핑실에서 비행 전 한 번 더 검토하고, 승무원들과 오늘 비행에 대해 의논하며 미리 준비한 농담을 건네보기도 한다.

비행을 마치면, "우와~ 오늘도 안전한 비행을 해서 다행이다."라는 안도감도 잠시 다음 날 비행시간에 늦지 않도록 다시 알람을 맞추고 잠이 든다. 그러면 또다시 알람 소리에 잠이 깨고, 일어나면 또 공항에 간다. 이런 생활을 무한 반복하며 생활하다 보면 시간이 흐르는 것에 무뎌지게 되고, 기장님들은 그렇게 시간을 도둑맞는다.

내가 부기장이던 시절에 정년을 맞이하신 어떤 기장님께 이와 같은 질문을 했다.

"기장님은 왜 파일럿이 되셨어요?"

그때, 기장님께서 곰곰이 생각하시더니 세상에서 가장 멋진 대답을 해주었다.

"하늘을 남들보다 조금 더 가까이 보고 싶었거든!"

대부분 이러한 비슷한 이유로 파일럿이 되는 것 같다. 우리는 하늘이 좋고 비행이 좋아서 파일럿을 꿈꾼다. 비행이 무한히 반복되는 것처럼 느껴지지만, 결국엔 마지막까지 파일럿을 꿈꾼다. 나 역시 아직 파일럿을 할 수 있어 감사한 마음이다. 지금까지 함께해 주었던 기장님들을 비롯해 승객분들에게 감사한 마음을 전한다.

마지막으로 힘든 날씨, 지연 등 여러 어려움 속에서도 모든 비행을 안전하게 하고 은퇴하신 기장님들의 앞날에 건강을 기원하고 행복한 시간이 함께하길 기도하면서, 그리고 세상 모든 파일럿들의 안전한 마지막 비행을 그려보며 이 책을 마친다.

MEMO

MEMO

파일럿을 꿈꾸는 이들을 위한
스토리 가이드북

비상한 파일럿

초판인쇄 2021년 3월 5일
초판발행 2021년 3월 5일

지은이 캡틴박
펴낸이 채종준
기획·편집 김채은
디자인 서혜선
마케팅 문선영·전예리

펴낸곳 한국학술정보(주)
주소 경기도 파주시 회동길 230 (문발동)
전화 031 908 3181 (대표)
팩스 031 908 3189
홈페이지 http://ebook.kstudy.com
E-mail 출판사업부 publish@kstudy.com
등록 제일산−115호(2000. 6. 19)

ISBN 979-11-6603-345-2 03040